Angelika Overath

Der Blinde und der Elephant

Angelika Overath

Der Blinde und der Elephant

Geschichten vom Sehen und Begreifen

Luchterhand

Jenseits von richtig und falsch liegt ein Ort.
Dort treffen wir uns.

(Mevlana)

Für Constant Könz

I. Geschenkte Augenblicke

Der flüchtige Gast

Als mein Sohn die Hand öffnete, sah ich etwas Zerzaustes, Verletztes. Irgendwo ein spitzer Schnabel und zwei dunkle Äuglein. »Die Katze hätte ihn gefressen«, sagte Matthias. Wir setzten, was an Vogel erinnerte, auf Heu in eine Schuhschachtel. »Er ist nicht verletzt, nur jung«, sagte Matthias. Das Etwas rührte sich nicht. Durch sein schütteres Gefieder schimmerte rosa Haut. Als ich wieder ins Zimmer kam, sah ich Matthias, der versuchte, das Tier mit zerschnittenen Bienenmaden zu füttern (die Angelsaison hatte begonnen; in unserem Kühlschank standen wieder die blauen Dosen mit den Löchern im Deckel). Matthias berührte mit der Pinzette den Schnabel, der Vogel sperrte. Schluckte. Ich brachte eine Pipette und Wasser. Nach zwei Tagen saß er auf der Kante der Schuhschachtel. Wenn Matthias in der Schule war, fütterte ich ihn. Ich überwand mich, zerschnitt auch Schnecken, Regenwürmer. Aber er mochte nur Bienenmaden. Bald machte er erste Flugversuche in unserer Bibliothek, dem ehemaligen Piertan in dem alten Bauernhaus. »Er sitzt auf meiner Goetheausgabe, Goldschnitt, und scheißt!« sagte mein Mann. »Er hat fliegen gelernt«, sagte ich.

Er war schön. Er hatte gelbe Federrauten auf seinen schwarzen Flügeln. Sein Brustgefieder war in Brauntönen meliert. Ich recherchierte im Netz: Er war ein Distelfink.

Matthias ließ ihn auf dem Balkon fliegen. Dann saß er auf dem heißen Kupferdach gegenüber und schrie. »Er wird verdursten«, sagte ich. Bald war er verschwunden. Ich meinte, seine Stimme zu hören, lief auf die Straße. Ich hörte, er hockte in der Regenrinne nebenan. Gegen Abend sah ich die Katze auf dem Asphalt geduckt lauern. Und tatsächlich: Er saß unter den Fleißigen Lieschen im Blumenkasten der Nachbarin. Ich trug ihn zu uns hinauf. Wir stellten den alten Vogelkäfig auf den Balkon. (Wir haben auch schon mit einer flügellahmen Alpendohle gelebt.) Auch nachts blieb er draußen, wir deckten ihn zu. Einmal beim Füttern entwischte er.

Aber von nun an kam er zurück. Wenn wir auf den Balkon traten, flog er an, landete auf dem Holzgeländer, schlug mit den Flügeln und schrie. Er lernte, selbständig zu picken, allein zu trinken. Wir waren stolz auf ihn. Die Tage wurden länger und wärmer. Er wohnte jetzt im Holunderbusch. Wenn ich Wäsche aufhängte, flog er auf meine Schulter. Wenn wir auf dem Balkon aßen, landete er vor uns, plusterte sich auf und schrie. Wir stellten ihm einen Blumenuntersetzer mit Wasser hin. Er stutzte, hüpfte auf den Rand, sprang hinein. Und dann badete er, tauchte das Köpfchen unter, schüttelte sich spritzend. Wir lachten. Seine Zutraulichkeit war unwahrscheinlich.

Er war selbstbewußt. Nein, er mochte kein Ei, nein, er mochte keine Heidelbeere. Melone vielleicht. Auch Avocado. Aber vor allem: Bienenmaden. Ich rief bei der Vogelwarte Sempach an. »Füttern Sie ihn nicht mehr«, sagte eine sonore Männerstimme. Wir hängten Hirserispen auf. Die jungen Spatzen kamen. Er tat beleidigt.

Am Morgen, bevor Matthias nach England in die Ferien

auf ein Fußballcamp fuhr, gab er dem Distelfink noch einmal Bienenmaden. Später hängte ich Wäsche auf, aber er kam nicht. »Vogel!« rief ich. Der Distelfink blieb auch am nächsten Tag fort. »Er wird seine Familie gesucht haben«, sagte mein Mann. »Wir waren seine Familie«, sagte ich.

Am Nachmittag beobachtete ich ein aufgeregt schreiend hin- und herfliegendes Rotkehlchen. Dann sah ich die Katze im Gras. Das Rotkehlchen verteidigte seine Kinder. Und es lehrte sie Gefahr.

Heimatkunden

Manchmal gebe ich in Sent Schreibkurse für Kinder. Letztes Mal bat ich sie, mir Momente von »Heimat« zu notieren. Ich wollte keine Überlegung, was Heimat sei, sondern bat um Bilder, erinnerte Augenblicke, unkommentiert nebeneinandergesetzt. Die Texte, die ich bekam, waren wunderbar. Ein Mädchen schrieb, Heimat, das sei der Geruch von Heu in den Gassen. Das ruckelnde Fahren auf dem Traktor neben dem Vater. Oder wenn er nach Haus käme und fluche, weil mit den Schafen wieder etwas nicht stimme.

Auch ich habe solche unspektakulären Bilder von »Heimat«. Sie wechseln.

Mein Beruf bringt es mit sich, daß ich viel reise. Mit einem GA (Generalabonnement) wird das Schweizer Streckennetz, vor allem die Strecke Scuol – Zürich, für mich zu einem Zimmer. Wenn ich frühmorgens in Scuol einsteige, ist es, als ob ich ein Büro beträte. Mein Lieblingswagen ist der letzte. Meist ist er mit einem Glas geteilt in ein 1. Klasse-Abteil und ein 2. Klasse-Abteil. Das ist das Zugende. Den Abschluß bildet eine Toilette. Und eine Tür mit Fenster, hinten hinaus auf die Gleise, die, sobald der Zug Fahrt aufnimmt, davonstürzen.

Ich setze mich, wenn da nicht schon die aschblonde Frau sitzt, gleich neben die Tür links. Das ist ein Dreier-Platz (im Unterschied zum Vierersitz rechts). Wenn die aschblonde

Frau, die immer Zeitung liest, meinen Platz besetzt, gehe ich mindestens zwei Vierergruppen weiter. Dort packe ich dann (leicht ärgerlich) meinen Laptop aus, meine Bücher. Nun schreibe ich Mails oder arbeite an einem Text.

Im Vereina-Tunnel esse ich eine Pampelmuse. Ich schäle sie mit einem Schweizer Taschenmesser, filetiere sie über den gelösten Schalen. Ich passe auf, daß es nicht tropft. Am Ende nehme ich mit einer Serviette die Pampelmusenreste (Schalen, Häute) auf und gebe sie in das kleine metallene Abfallfach unter dem Tischlein mit dem aufgedruckten Streckennetz der Rhätischen Bahn.

Auf dem Weg zum WC sehe ich die aschblonde Frau, die gleichmütig auf meinem Platz blättert. Ich gehe an ihr vorbei, als sei nichts.

Jetzt am Morgen riecht die Toilette frisch geputzt nach Reinigungsmittel. Noch in Hongkong würde ich diesen Geruch wiedererkennen, und ich wäre sofort zurück in der roten Eisenbahn, die durch das Engadin fährt, das Prättigau. Ich weiß nicht, wer die Zugtoiletten putzt, nicht, wie die Reinigungsseife heißt. Aber ich bin den Frauen und Männern dankbar, die alles sauber halten.

In Landquart, in der Unterführung, kaufe ich einen Kaffee im Pappbecher (falls ich mir in Scuol beim Kiosk keinen gekauft habe) und trinke ihn auf Bahnsteig 3, bis der Zug nach Zürich kommt. Dann hoffe ich auf den Speisewagen. Den richtigen Speisewagen: großzügig, mit gebügelten weißen Tüchern eingedeckt. Manfred, mein Mann, führt Listen, wann diese Speisewagen fahren. Und nicht die Bistros. In den Bistros, sagt er, gibt es nur einen bequemen Platz, und der hat keinen Haken, um die Jacke aufzuhängen. (Wobei ein Bistro besser ist als eine Minibar. Und eine Minibar besser als nichts.) Manfred plant seine Reisen nach den Speisewagen.

Heimat kann vieles sein. Aber ich glaube, Heimat ist nie das Erhabene, kaum etwas, das pathetisch zu feiern wäre. Meine heimatlichen Augenblicke sind heimlich, beiläufig, intim. Und wer weiß, vielleicht gehört auch die aschblonde Frau dazu.

Nur ein Hund

Wer mit einem Hund lebt, kennt den Hundetod. Unser Hund wurde 15 Jahre und acht Monate alt. Er war eine Sie, eine Eurasierin. Schwarze Augen wie mit Kajalstift umrahmt, rotes Fell. Er gehörte unserer Tochter. Sie hatte ihn bekommen im Sommer, bevor sie 13 wurde. Damals lebten wir zu viert in einer Altstadtwohnung, 70 qm, dritter Stock, mitten in Tübingen. Aber was ist Wohnraumenge gegen die Bedrängnisse der Pubertät? Mit dem Hund wurde Silvia souverän. Und als Matthias zur Welt kam, wuchsen die Räume zum Palast. Später begann Silvia ein Studium im Norden; auch Andreas blieb nach dem Abitur in Deutschland. Wir zogen mit Matthias, der nun sieben war, und dem Hund, acht, ins Engadin. Der Hund war sehr überzeugt vom Wohnortwechsel. Er jagte Murmeltiere (erfolglos), hatte wilden Salbei im Fell, pflügte mit der Schnauze durch den Schnee, trabte im Frühjahr verschlammt nach Hause. Während die Kinder älter wurden, blieb er sich gleich. Eine Hundeautorität. Alt war er nur im letzten Jahr. Gegen seine Inkontinenz gab es Tabletten und eine Waschmaschine. Die offene Geschwulst am Bauch ließ sich mit Spülungen (Weidenröschen) lindern; er schnupperte weiter die Pfade entlang. Er wurde langsamer. Mit seinen dunklen Augen sah er uns an. Wir waren ihm ein vertrautes Rätsel; unser Leben hatte einen Hundeblick. Dann kamen Verdauungsprobleme. Durchfall. Ein Krebsgeschwür drückte auf seinen Darm. Manchmal stürzte er sich die Treppen hinunter. Und es war doch zu spät. Seine Scham tat uns leid. Hunde zeigen keinen Schmerz, sagte meine Freundin, eine Schriftstellerin aus Hamburg, die schon viele Hunde hatte. Es sind Helden. Ich rief Silvia an. Wann? fragte sie. Wer mit einem Hund lebt, kennt den letzten Anruf beim Tierarzt. Und den Countdown: noch vier Stunden, noch drei, noch zweieinhalb –

Im Fernsehen lief die Winterolympiade. Ich hatte ihm Huhn gekocht und Lammfilet gebraten. Er fraß. Er sah mich erstaunt an und fraß weiter; ich schämte mich. Dann legte er sich unter die Bank und schlief. Als der Tierarzt, unser Nachbar, klingelte, bellte er wie wild. (Er bellte immer wie wild, wenn jemand kam; er mußte uns beschützen.) Psscht, sagte ich zum Hund, der horchte. Sollen wir? fragte der Tierarzt und stellte seine Tasche auf die Holzdielen. Matthias stand vom Fernseher auf und kam die Treppe herunter. Ich rief den Hund unter der Küchenbank hervor. Ich sagte, komm, leg dich hin und nahm ihn in den Arm und drückte ihn ein wenig auf den Boden. Er ließ es geschehen. Unser Tierarzt hatte die Spritze aufgezogen. Ich streichelte den vor mir liegenden Hund von der Seite, hielt ihn etwas fest. Matthias hockte an seinem Kopf. In wenigen Sekunden war er betäubt. Seine Zungenspitze kam zwischen den Zähnen hervor. Die Pfote fiel, als ich sie hochhob und losließ. Leg ein Handtuch unter, sagte unser Nachbar, der Tierarzt. Ich tat es, aber es kam kein Urin. Ich sah die zweite Spritze. Der Tierarzt tastete unter dem Fell. Dann stach er ins Herz hinein. Noch bevor er die Spritze ganz herausgezogen hatte, war unser Hund tot. Er hatte nicht einmal gezuckt. Ich wunderte mich, wie schwer er war, als ich ihn die Treppen hinunter zur Garage des Tierarztes trug. Der hatte den Beifahrersitz seines Autos für ihn nach hinten gestellt. Aber ich wußte, wenn er ihn fortfahren würde, käme das Tier in den Kofferraum. Man schnallt doch keinen toten Hund vorne an.

Später schickte ich der Schriftstellerfreundin ein Mail. Ich möchte einmal wie mein Hund sterben dürfen, schrieb ich. Das wirst Du nicht, antwortete sie.

Die Zeit des Zahns

Seit einigen Wochen lebe ich mit einer elektrischen Zahnbürste. Sie ist weiß, hat einen länglichen, voluminösen Körper, der schwerer in der Hand liegt als der von mechanischen Zahnbürsten. Mit ihrem schmalen Bürstenkopfaufsatz ist sie etwa um die Hälfte länger als meine alten Handzahnbürsten. Ihr kleines Borstenfeld ist weiß, in der Mitte grün und am vorderen, erhabenen Ende etwas blau. Aus eigenem Antrieb hätte ich mir keine elektrische Zahnbürste gekauft. Aber mein alter Zahnarzt war in Rente gegangen. Und der neue lächelte dynamisch und empfahl mir nach einer Zahnsteinentfernung ein Modell mit Schalltechnologie. An einem aufklappbaren Kiefer aus Plexiglas zeigte mir eine junge Sprechstundengehilfin, wie man eine solche Bürste benutzt. Ich solle nicht mehr in Auf- und Ab-Bewegungen oder Kreisen von Rot nach Weiß, vom Zahnfleisch zu den Zähnen, fahren, sondern den leicht konkav gewölbten Borstenkopf waagerecht den Schmelz entlangführen. Ganz langsam. Sie machte es vor. Erst außen am Oberkiefer vom vordersten rechten Schneidezahn des ersten Kieferquadranten bis zum hintersten Backenzahn und zurück, dann über die Zähne des zweiten Quadranten links, nun innen, schließlich über die Schneideflächen. Am Unterkiefer ebenso. Damit ich nicht zu lange oder zu kurz an einer Stelle putzte, würde die Zahnbürste nach jeweils 30 Sekunden ein Lautsignal geben.

Ich gebe zu, die Sache war mir nicht ganz geheuer.

Bislang war ich, Zähne putzend, Herrin über meine Zeit und meine Zahnbürste gewesen. Entsprechend meiner Gemütsverfassung (meist nervös) schabte ich voll Energie und schnell. Jetzt hatte ich ein autoritäres Wesen im Mund, das brummte und mit mir sprach. Ich durfte nicht länger die Bürste in meist hektischen Bewegungen führen (weil ich immer glaube, Zeit sparen zu müssen), sondern sollte stoisch Zeit aushalten, langsam von Schneidezahn zu Eckzahn zu Mahlzahn zu Backenzahn, bis sie sagte: Es ist Zeit. Es ist Zeit, die Zahnreihe zu wechseln. Es dauerte eine Weile, bis ich bereit war, mich diesem Diktat zu unterwerfen. 30 Sekunden schienen mir eine Ewigkeit. Und ich durfte eben nicht kraftvoll tätig mit der Plaque gleich auch die Zeit wegbürsten. Langsam, hatte die Zahnarzthelferin gesagt, langsam mit wenig Druck, damit das reinigende Zahnpasta-Speichel-Gemisch sich gut in allen Zwischenräumen verteilen kann. In minimaler Bewegung also ertragen, daß nicht ich, sondern die Bürste surrend ihre Arbeit tat. Warten, bis das Signal kam, Position der Borsten wechseln. Und meine Energie? Meine Nervosität? Meine Anspannung, zügig zu putzen? Dann las ich, daß sich der Bürstenkopf einer Schallzahnbürste (30 000 Schwingungen pro Minute) in zwei Minuten häufiger bewegt als der einer Handzahnbürste in einem Monat. Es traf mich wie ein Schlag. Was tun mit so viel tatenloser Zeit? Meine Physiotherapeutin fiel mir ein, die gesagt hat, ich soll zum Muskelaufbau in meinem lieben rechten Knie (Arthrose) immer wieder auf dem rechten Bein stehen, das linke angehoben, und dazu mit dem rechten Arm schwingende Lasso-Bewegungen machen. Seither stehe ich anders am Waschbecken. Auf einem Bein. Ich schwinge kein Lasso, ich halte meine elektrische Zahnbürste. Ich schaue in den Spiegel, den Oberkörper gerade. Viermal 30 ewige Sekunden lang. Dies ist sinnvoll, sage ich mir. Und fast entspanne ich.

Bis das Brummen der elektrischen Zahnbürste verstummt.

Das Handy auf der Fensterbank

In einigen Monaten werde ich 60 Jahre alt. Und stehe vor dem Abschied vom Altsein: Meine handylose Zeit hört auf.

Als ich letzten Winter für einige Monate in Istanbul lebte, sagte mir meine türkische Übersetzerin, daß es in Istanbul ohne Handy nicht gehe. Ich glaubte ihr. Also lieh ich mir ein altes türkisches Nokia, ließ es registrieren. Lud es mit einem Guthaben auf. Und benutzte es nicht. Es war schwarz mit winzigen Zahlentasten. Ich konnte es nicht leiden. Ich verabredete mich weiterhin per Telephon oder Mail (ich habe meist einen kleinen Laptop bei mir, bin also prinzipiell erreichbar!). Oder ich machte bei einem Treffen das Datum für das nächste Zusammensein aus. Da alle wußten, daß ich kein Handy hatte, hielten sie die Termine ein. Und wenn du verloren gehst in dieser 15-Millionenstadt? sagte meine Übersetzerin. Ich ging nicht verloren.

Und doch gab es Situationen, in denen ein Handy praktisch gewesen wäre. Einmal wollte ich eine türkische Verlegerin treffen, wartete aber an der falschen Haltestelle. Schließlich bat ich eine wildfremde, sympathisch aussehende Frau um ihr Handy. Sie gab es mir sofort. Meine Verlegerin war ganz in der Nähe. Ich gab das Handy zurück und unterhielt mich ein wenig mit der Frau. Ich erfuhr, daß sie Schauspielerin und Theaterpädagogin war, und als die Verlegerin kam, wechselte auch sie einige Worte mit der Fremden. Am Ende gingen wir zusammen in ein Café und aßen kandierte Quitten mit Rahm. Mit Handy wäre das nicht passiert. (Ohne auch nicht.)

Seit zehn Tagen liegt ein Handy auf meinem Fensterbrett; es ist ein Smartphone. Es ist das alte, aber noch ziemlich neue Smartphone einer jüngeren Freundin, die fand, es reiche jetzt mit meiner Exzentrik! Ich nickte. Dieses Smartphone soll höflich mit einer Prepaidkarte funktionieren; ich bin zu nichts verpflichtet. Eine Art Verlobungszeit scheint angebrochen, bis zum Vertrag. Meine junge Freundin hat versprochen, mir genau zu erklären, wie es funktioniert. Meine Söhne haben gesagt, so ein Smartphone sei selbsterklärend, aber sie würden mir alles zeigen. Es ist perlmuttfarben. Es hat eine türkisfarbene Schutzhülle. Es sieht harmlos aus. Wenn man es anschaltet, erscheinen helle Felder, die mit Sensoren ausgestattet sind, so daß sie auf die Berührung von Fingerspitzen reagieren und sich öffnen wie explodierende Blüten. Seine Oberfläche ist variabel; neue Funktionsbereiche erscheinen, wenn man hin und her wischt.

Ich erinnere mich, in einer Buchhandlung ein Mädchen von vielleicht drei Jahren gesehen zu haben, das sich von einem Tisch ein Bilderbuch nahm und dann neugierig mit dem Finger über den festen Pappdeckel hin und her fuhr. Immer wieder. Es kannte das Objekt Buch noch nicht.

Ein Handy kann so vieles können! Meine Freundin weiß immer, wann der nächste Zug fährt oder ein Konzert beginnt, wie das Wetter wird. Sie kann schnell auf alles reagieren. Unter den vielen Apps hat sie eine, die ihr die Planeten-Konstellationen des Nachthimmels mit ihren Namen zeigt: Da kannst du sehen, was du siehst. Sagt sie. Ich staune und mir wird schwindelig.

Handylos stehe ich auf verlorenem Boden. Den gestirnten Himmel über mir und eine unverstandene Scheu in mir.

Die Tage meines ruhigen Altseins sind abzusehen. Ich bin auf dem Weg in die Kommunikationsunmittelbarkeit der Jungen, die sich ständig beschleunigt und erneuert.

Was habe ich gegen Handys? Ich weiß es nicht. Meine Argumente sind schwach. Diese Haltung, murmle ich, ich mag die Haltung der Menschen nicht, die in Handys schauen. Die angespannten Schultern, das Starren auf ein so kleines Feld. Jemand, der in einem Buch liest, sieht anders aus. Selbst der versunkenste Leser hat nicht diesen verkrampften Nakken und stieren Blick. So lehnt er sich manchmal zurück und sieht auf, versonnen, lächelnd. Es macht einen Unterschied, ob die Vorstellungskraft Bilder entwickelt oder ob der Blick eine rasche Folge von Photos aufnimmt.

Gerade weil sie schnell sind, fressen Handys Zeit. (Nicht nur, indem sie ablenken.) Es war einmal, da warteten Liebende Stunden, Tage auf Briefe. Was empfanden sie in diesen langen Weilen? Mit der schnellen Antwort verschwinden Erlebnisfelder. Vorfreude, Bangen, welche Intensivierung lag in der Verzögerung! Und welch Raum für die schlichte Evidenz dazusein.

Gerade weil sie verläßlich sind, sind Handys nicht treu. Eine Verabredung kann jederzeit verschoben, geändert, abgesagt werden. So bleibt der gelebte Augenblick immer vorläufig. Was er bedeutet, entscheidet die nächste SMS. Und der Alltag wird zum Leben auf dem Sprung.

Oft ist der Reiz, der von einem Handy ausgeht, stärker als

der Moment. Ich hasse es, wenn – etwa bei einem gemeinsamen Essen – die Mitglieder der Tafelrunde regelmäßig in Handybotschaften abtauchen. Elektronische Kurznachrichten dürfen stärker sein als die gemeinsam geteilte Mahlzeit. Für so ein flüchtiges Zusammensein möchte ich nicht kochen.

Was mich aber vielleicht am meisten stört: Die ständige Erreichbarkeit suggeriert, daß man reaktionsbereit sein muß. Schon höre ich meine Söhne rufen: Du kannst es abschalten! Aber tut man das, wenn man mit einem Handy lebt? (Sicher, sicher, es gibt Vernunftehen!)

Vielleicht habe ich auch Angst vor dem Verlust meiner guten Einsamkeit. Dem Abschied von einer Dauer, die nur mir allein gehört. Als Mutter habe ich immer geantwortet. Aber auf Kinder, nicht auf ein vibrierendes Smartphone.

Das Handy meiner jungen Freundin sieht schön aus, wie es so daliegt, auf dem Fensterbrett. Alle, sage ich mir, haben so etwas; es gehört dazu. Ohne ein Handy kannst du heute kaum mehr einen Flug buchen. Du brauchst den TAN, der per SMS zugeschickt wird.

Morgen also lasse ich mir zeigen, wie es funktioniert. Ehrlich, morgen bestimmt.

Sein I-Phone

Als ich ihn sah, sah ich etwas, das es nicht gab. Also sah ich weg. Es war meine erste Fahrt in der Metro in Istanbul. Ich war auf dem Weg zum Goethe-Institut. Später überlegte ich, wo er hereingerollt war. Bei Istanbul Teknik Üniversitesi Ayazaga, der Technischen Universität Istanbuls vielleicht, oder doch eine Station später bei Sanayi Mahellesi, im Istanbuler Finanzdistrikt, ein Umsteigebahnhof Richtung Seyrantepe, wo die Türk Telekom Arena lag, das neue Domizil von Galatasaray Istanbul. Er und ein Fußballstadion? Ich hatte wieder hingesehen. Man schaut nicht so direkt hin, schoß es mir durch den Kopf. Und ich schämte mich. Denn Nichthinsehen war diskriminierender als Hinsehen. Ich saß auf einer der Bänke, die parallel zum Metrowagen verlaufen, nah an der Tür, die sich bei jeder Haltestelle automatisch öffnete und wieder schloß. Die Metro war voll. Viele Menschen standen um ihn herum. Er war nur knapp von der Tür in die Mitte des Einstiegareals hineingefahren, von dem rechts und links die Sitzreihen abgehen. Er hatte seinen Rollstuhl nicht wieder zur Tür hin umgedreht. Nun sah er uns an. Die Leute, die auf der Bank saßen (wie ich), die anderen, die standen. Er war jung. 18, 19 Jahre vielleicht. Er trug eine schwarze Lederjacke, seine Arme hingen in lockerer Spannung wie überlang, ja affenartig, rechts und links von den Lehnen des Rollstuhls herab. Er hatte breite Schultern. Er legte den Kopf etwas schief; unter einem schwarzen Hut mit Krempe sahen seine halblangen, hennarot gefärbten Haare hervor. In den Ohren hatte er Stöpsel.

Vor ihm auf der Sitzfläche des Rollstuhls lag sein I-Phone.

Es gibt so viele Stillen, wie es Geräusche gibt. Mit dem Augenblick, da er in das Metroabteil hineingerollt war, kippte alles: das Sprechen hörte auf, die unwillkürlichen Bewegungen. Innerhalb von Sekunden war ein Schweigen eingetreten, aus dem eine Spannung wuchs. Auf einmal waren wir, einander fremde Passagiere, eine Gemeinschaft geworden, ihm gegenüber: dem Anderen. Der sah uns an. Mit dem nervösen Gelangweiltsein einer hinter Stäben schweifenden Wildkatze sah er durch den Raum. Staunend über die Spezies der Normalen und müde, ihnen immer wieder ausgesetzt zu sein. Die Metro hielt bei Osmanbey. Ein großer junger Mann, der aussteigen wollte, kam auf dem Weg zur Tür an ihm vorbei. Im Hinausgehen legte er ihm seine Hand kurz auf die Schulter. Mein Freund, sagte die Hand.

Vor ihm auf der nackten Sitzfläche des Rollstuhls lag sein I-Phone.

Es war mein erster Tag in Istanbul; es war die erste Verabredung mit meiner Übersetzerin. Ich wäre ihm gefolgt, seinem Hut, seinem Rollstuhl. Unter irgendeinem Vorwand hätte ich das Gespräch mit ihm gesucht. Jugendliche in Istanbul können Englisch. Ich bin bei Taksim ausgestiegen, wissend, daß das ein Fehler war.

Seither verfolgt mich sein Blick. Ich überlege, meine Übersetzerin zu bitten, mir suchen zu helfen. Männlich, um die

19 Jahre, benutzt die Metro M2, eingestiegen etwa Technische Universität, gefahren bis hinter Taksim. Jemanden wie ihn müßte ich finden können, auch in einer 15 Millionen-Stadt. Was, frage ich mich, willst du von ihm? Und: Reicht nicht dieser Augenblick, die schreiende Stille, die fremde Hand auf seiner Schulter? Du willst, daß er dir seine Welt erzählt. Sein Körper bestand aus Kopf, Brust, Armen. Kein Becken, keine Beine.

Da lag nur sein I-Phone.

Fremde Freunde

Manchmal kommen sie im Rudel die Uferpromenade entlang. Fünf, sechs ihresgleichen. Große Hunde in allen Farben der großstädtischen Prärie: ein schmutziges Weiß, grauer Honig, staubig aufgehelltes Schwarz, Rost. Das Fell eher kurz. Meist sind sie einfarbig, auch wenn ein anthrazitfarbener Rüde dabei ist mit einem falben Flecken um das rechte Auge und einem hellen Bein. Sie traben, als hätten sie ein gemeinsames Projekt. Der Wind des Bosporus fährt ihnen um die angelegten Ohren. Dann wieder liegen sie in der Sonne wie Brezeln, in sich geschlungen auf dem warmen Beton. Man sieht sie auch einzeln, muskulöse Körper in wiegendem Gang. Sie schweifen um die Angler, die in Gruppen nebeneinander an der Kaimauer stehen.

Abends verweilen sie bei ihnen an den kleinen Holzfeuern, wo in ausrangierten Schafskäsebüchsen die Flammen züngeln. Auf niedrigen Schemeln trinken Männer Tee aus zierlichen Tulpengläsern; sie teilen sich Oliven, aufgeschnittene Gurken, Brot. Die Hunde teilen ihre Gesellschaft wie fremde Freunde. Diese Tiere sind wild. Sie organisieren sich selbst. Ihr Zuhause sind die Büsche öffentlicher Parkrabatten, Mauerecken, blinde Winkel im Hintergrund städtischer Anlagen. Sie werden nicht in die Häuser gelassen; strengen Muslimen gelten Hunde als unrein. Aber gerade in den ärmeren Vierteln bauen ihnen die Anwohner kleine Unterschlüpfe aus Holz und Karton. Auf Tellerchen stellen sie ihnen hin, was von einem Familienessen übrig blieb. Und auch die Stadtverwaltung Istanbuls kümmert sich um die freien Tiere. Wer darauf achtet, wird offizielle Versorgungsstationen finden. Eingelassen in einen schmalen Turm steht hier für Hunde und Katzen Trockenfutter bereit und ein Bassin mit frischem Wasser. Viele der wilden Hunde haben eine Markierung am Ohr; das heißt, sie werden tierärztlich betreut. Sie wirken massig. Aber niemand braucht Angst vor ihnen zu haben. Nie habe ich einen dieser Hunde in einer aggressiven Situation erlebt. (Verschiedene Hunde an Leinen schon.)

Manchmal liefert sich ein Rudel eine wilde Jagd mit einem Auto. Während ein Teil der Hunde noch bellend auf Wagenhöhe rennt, hat sich die Spitze schon auf die Fahrbahn geworfen und zwingt den irritierten Fahrer zum Abbremsen. Oder es mag sein, ein Hund hat Lust oder Langeweile und begleitet einen Passanten eine Weile – vielleicht auf einen Brocken hoffend –, bis er ihn wieder alleine weiterziehen läßt. Seltsamerweise sieht man kaum Hundekot. Es scheint, als entwickelten diese Tiere in Freiheit einen natürlichen Sinn für Sauberkeit. Wie seltsam wirken ihnen gegenüber die wenigen Hunde an Leinen. Arme, edle Geschöpfe, die von ihren Besitzern nicht ohne Stolz präsentiert werden. Statussymbole einer westlichen Lebensart.

In Istanbul soll es an die 100 000 freie Hunde geben. Freie Katzen gibt es sehr viel mehr. Sie wirken in den Farben heller. Glänzende Solitäre in Schwarz, Silber, Rot schleichen sie über Marmorbrüstungen, lagern auf den Polstern der Straßencafés, funkeln von hölzernen Fensterbänken. Ich habe in der Hagia Sophia wiederholt eine Katze gesehen, die sich souverän wie ein Seraphim um die Freitagskanzel bewegte.

Einmal, es war ein kalter, windiger Tag, entdeckte ich eine Gruppe von Katzen im Schaufenster einer Boutique unterhalb des Galataturms. Neun Köpfe waren in einem einzigen Fellkörper geborgen, der sich wärmte.

Später, am Abend, sah ich in einer der winkligen Seitengassen Beyoglus unter eine Decke zusammengekauert sieben junge Syrer.

Istanbul, 12. Januar 2016, 11.18 Uhr Ortszeit

Ein Dienstagmorgen. Franziska war gekommen. Und hatte für heute geplant: Blaue Moschee, Hagia Sophia. Und vielleicht noch den Topkapi-Palast. Die Ziele eben, die Besucher anschauen, wenn sie zum ersten Mal in Istanbul sind. Franziska hatte verschlafen; dann frühstückten wir zusammen. Wir trödelten, sahen den Tankern und Frachtschiffen nach, die zwischen Marmarameer und Schwarzem Meer den Bosporus entlangkamen, Passagierfähren, ab und an ein Fischkutter, am Heck tortenhaft mit Netzen überworfen, ein Beiboot hinten schräg aufgehängt, von Möwen begleitet. Manchmal kommen Kriegsschiffe, sagte ich, oder U-Boote. Franziska sah auf die Uhr und stand auf: Ich könnte schon lange dort sein. Wir verabredeten uns zum Abendessen in Beyoglu. Sie zog sich die Schuhe an, als die Nachricht kam.

Franziska ist dann trotzdem losgegangen. Zum Hippodrom zwischen dem Obelisken und Deutschem Brunnen vor der Blauen Moschee. Später traf ich sie an der Metrostation Sishane. Es war schon dunkel. Sie erzählte von den Absperrungen, den Reportern, den Sendewagen. Seltsamer Abend. Wir liefen die Istiklal hinauf zum Taksim. Auf dem alten Boulevard gab es fast das übliche Gedränge. Und doch schien es, als verbinde die Menschen, die sonst achtlos aneinander vorbeigingen, eine lauernde Aufmerksamkeit. Überall standen Polizeibusse mit laufendem Motor, nicht wie sonst nur vor den Konsulaten. Schwarzgekleidete Sicherheitsleute hielten Maschinenpistolen schußbereit. Wir hatten keine rechte Lust mehr, essen zu gehen. Heim? fragte ich.

Taksim war die nächste U-Bahnstation, ein neuralgischer Punkt. Breite Treppen führen tief hinunter in die Bahnlabyrinthe. Ihre Stufen waren schwarz von Menschen. Gegen jede Vernunft waren wir befangen: In dieser 15-Millionenstadt, mit ihren Kamikaze-Minibussen, terroristischen Taxis und Feierabendrennfahrern war die Gefahr, durch ein Auto ums Leben zu kommen, viel höher als die, bei einem Selbstmordanschlag zu sterben. Aber Tote sind nicht gleich Tote. Ein Verkehrsunfall macht Unbeteiligten keine Angst. (Seltsam eigentlich.) Es ist aber die Angst und nicht nur die Bombe, die die Wirklichkeit verändert.

Auf einmal waren wir Fremde in einem Menschendschungel, schreckbereit. Wie tropische Feuchtigkeit sickerte das Mißtrauen ein. Nestelte der bärtige Mann auf der Treppe nach seinem Handy, oder war er dabei, einen Sprengstoffgürtel zu zünden? Waren wir hier im Pulk vor dem U-Bahnschacht eine zufällige Menge von Passagieren, die sich folgenlos in den Gängen verteilen würden? Ein unbedeutendes Muster von Individuen? Oder gab uns im nächsten Moment eine Bombe ein gemeinsames Schicksal? Die Metropolen haben ihre Unschuld verloren, sagte ich, nun auf der Rolltreppe weiter in den Schlund des Schachts fahrend. Franziska vor mir sah kurz über die Schulter zurück: Metropolen waren noch nie unschuldig, sagte sie. Wir leben im 21. Jahrhundert; wir werden uns daran gewöhnen müssen, daß sich die Kriegsführungen ändern.

Und plötzlich hörten wir Musik. Wir hörten etwas so Unwahrscheinliches wie Tanzrhythmen im Dreiviertel-Takt. Geige, Cello, Klarinette, Akkordeon, ein Kontrabaß. Vor uns, am Ende der Rolltreppe, wo sich die Passage weitete, standen fünf Musiker. Mit an Wut grenzender Heiterkeit spielten sie eine Mischung aus Wiener Walzer und ungarischer Mazurka. Sehr laut, rhythmisch pointiert und mit einer Energie, als könnten sie den Charme dieser Stadt für einige Synkopen, einige Takte lang, noch einmal halten.

Passanten blieben stehen. Manche lächelten. Einige lächelten einander kurz zu. Eine Frau im blauen Wollmantel stellte ihre Einkaufstasche ab. Mit einem Ärmel wischte sie sich über die Augen.

Das Ja zum Nein

Es waren sonnige Apriltage vor der Abstimmung über das Präsidialsystem. Ich lebte im Vorort Tarabya, einem ehemaligen griechischen Fischerdorf am Bosporus. Sein alter Name »Therapia« weist darauf hin, daß das Klima hier gesund, ja heilend sein soll. Schon die osmanische Oberschicht zog in den heißen Monaten an diese Gestade, um dem Staub der Stadt zu entkommen. Hier war es um zwei Grad kühler als im westlich-mondänen Pera, und der Nordwind brachte Erfrischung vom Schwarzen Meer. Ich wohnte auf dem historischen Gelände der Sommerresidenz von Abdülhamid II.; Wilhelm II. hat ihn dreimal besucht. Der vorletzte osmanische Sultan und der letzte deutsche Kaiser diskutierten hier über den Bau der Bagdadbahn. 1880 schenkte Abdülhamid II. dem Deutschen Reich die 18 Hektar große Park- und Waldanlage zur diplomatischen Nutzung. Das Areal mit den buchsbaumgefaßten Rasenflächen und den schönen weißen Holzvillen untersteht heute der Deutschen Botschaft in Ankara. Seit 2012 gibt es in der ehemaligen Botschaftskanzlei, und seit 2015 im renovierten Kutscherhaus, Wohnungen und Ateliers für Künstler. Sie sollen dazu beitragen, den deutsch-türkischen Austausch zu fördern. In Zusammenarbeit mit dem Goethe-Institut entstehen türkisch-deutsche Orchester, zweisprachige Lesungen werden gehalten, Theaterstücke aufgeführt, Kunstinstallationen in verschiedenen Vierteln der Stadt eröffnet.

An der Pforte des alten Anwesens sitzen Wächter. Über der Mauer wehen Schwarz-Rot-Gold und daneben die gelben Sterne auf blauem Grund.

Wenige Busminuten von Tarabya entfernt liegt Sariyer, einer der letzten Häfen vor dem Schwarzen Meer. Von hier fährt täglich um 15.20 Uhr ein Schiff den Bosporus hinunter bis Eminönü, dem alten byzantinischen Zentrum Istanbuls; an seinen Küsten mischen sich drei Wasserstraßen: Bosporus, Marmarameer, Goldenes Horn. Da ich die Fähre nicht verpassen wollte, war ich etwas früher gekommen und ging noch ein wenig nach Sariyer hinein. Ich hatte die »Evet«-Stände erwartet, die mit türkischem Rot und dem Bild des Präsidenten, der die Hand auf sein Herz legt für ein »Ja« und damit für seine unumschränkte Macht, werben. Nun sah ich, daß direkt neben dem »Evet«-Stand auch ein »Hayir«-Stand mit Musik und Flugblättern zu einem »Nein« aufforderte. Das Logo der »Hayir«-Verfechter zeigt eine gelbe Sonne mit bunten Strahlen wie mit Wachskreide gemalt; statt auf das Charisma des Präsidenten setzen sie auf das Lachen eines etwa zehnjährigen Schulmädchens mit langen dunklen Zöpfen. Selbstbewußt und brav (rosa Puffärmelbluse mit Kragen unter weißem Pullunder) sieht es den Betrachter an: »Für meine Zukunft: Nein«. Eine Broschüre erklärt in 20 Argumenten, warum die Wähler mit »Nein« stimmen sollen. Unter Punkt 5 wird gesagt, daß wer mit »Ja« stimme, sich vorstellen dürfe, er werde dann nicht mehr wie in Deutschland, Frankreich, England, Amerika oder Japan leben, sondern wie in Syrien, Libyen, Ägypten, Nordkorea, Iran, Uganda.

Die Reise den Bosporus hinauf kostet 15 Türkische Lira, also knapp vier Euro. Dies gilt als ein teurer Spezialpreis für die achtzigminütige Fahrt, während der das Schiff kaum anlegt. Es ist eine »Nostalgic Bosphorus Cruise«, vor allem für Touristen. Die normalen Fähren, die auch zu den kleinen Häfen kommen oder nur zwischen der europäischen und der asiatischen Seite hin und her pendeln oder auf dem Goldenen Horn verkehren, kosten etwas mehr als 50 Cent.

Der Nachmittag glitzerte. Ich saß draußen auf der Holzbank in der Sonne. Die Ufer des Bosporus zogen vorbei, verfallene hölzerne Sommerresidenzen, neue Villen, Paläste, Moscheen. Ich trank Tee aus einem dünnwandigen Glas, teilte einen Sesamkringel mit den Möwen, die mit ihren angelegten rosa Füßen über dem Schiff kreisten.

Der Tag schien gemacht für das Wasser, und so stieg ich in Eminönü nur aus, um auf eine der Fähren zu gelangen, die die Arbeitenden abends wieder in ihre Dörfer oder Vororte am Bosporus zurückbringen. Das Schiff war jetzt voller. Die Menschen trugen Aktenkoffer, Plastiktaschen, Rucksäcke. Sie photographierten nicht mit ihren Handys. Die Fähre mäanderte zwischen den Kontinenten den Bosporus hinauf. Dieses Wasser gilt als gefährlich, da die Strömungen nicht eindeutig sind. Unterhalb der Fließrichtung vom Schwarzen Meer zum Marmarameer hin gibt es entgegengesetzte Bewegungen. Die Schiffslinie, die Eminönü um 17.15 Uhr Richtung Bosporus verläßt, fährt nur bis Cengelköy. Es ist einer meiner Lieblingsorte auf der asiatischen Seite.

Teegärten lagen in der Abendsonne. Ich ging auf den Gemüsemarkt und kaufte die kleinen festen Gurken, für die der Ort einst berühmt war, und all das krautige, spinatige, gefiederte, rundgelappte Grün, das ich nicht kenne und kaum aufessen kann: roh als Salat, gedünstet in der Pfanne. Wo man eine Flasche Wein bekomme, fragte ich eine blonde Türkin in einem Bioladen. Das sei schwierig, sie zwinkerte mir zu, und nannte sofort einen Kiosk gleich neben der Anlegestelle. Der Wein schien seit meinem letzten Istanbulaufenthalt im Januar etwa 20 Prozent teurer geworden zu sein. Der Kioskverkäufer nickte, sogar Raki koste jetzt mehr als in Europa.

Ein letztes Schiff fährt um 18.40 Uhr nach Emirgan. Dort gibt es nicht nur das Sabanci Kunstmuseum, das neben temporären Ausstellungen eine Sammlung osmanischer Kalligraphie beherbergt, sondern auch einen im Frühling mit einem Tulpenfestival gefeierten Garten und ein Tulpenmuseum. Lange vor den Holländern waren es die Osmanen, die diese Blume kultivierten. Der Name Tulpe soll von ihrer an einen Turban erinnernden Blütenform kommen.

Von Emirgan würde ich eines der Sammeltaxis nach Tarabya nehmen oder den Bus, je nachdem, was zuerst an der Uferstraße vorbeikäme.

Es war jetzt kalt auf der Fähre, ich saß innen hinter der Scheibe. Die europäische Seite lag im Schatten, die asiatische wurde vom späten Licht in ein leuchtendes Rosa getaucht. Holz, Stein, Beton der Fassaden verwandelten sich in Pergament und Seide. Neben mir diskutierte eine junge Frau lebhaft mit ihrer Freundin über Zahlen auf ihrem Handy. Ich meinte Wortfetzen zu verstehen und fragte nach. Es war eine Statistik über den Stand der aktuellen Abstimmungsprognosen, aufgegliedert nach Städten. Die Nein-Stimmen lägen so gut wie überall vorne. In Istanbul sei das Verhältnis etwa 40 zu 60. Aber der Präsident kennt die Zahlen auch, sagte ich. Ja, sagte die junge Frau. Wir wissen nicht, was er macht. Vielleicht sagt er die Abstimmung ab. Vielleicht manipuliert er die Auszählung der Stimmzettel. Aber das sei heute mit den elektronischen Medien nicht mehr so einfach, sagte ihre Freundin.

Ich schaute aus dem Fenster und dann glaubte ich nicht, was ich sah: Ein schwarzes Dreieck, dann noch ein schwarzes Dreieck. Nun wieder nur Wellen. Dann zwei schwarze Rükken. Delphine, rief ich. Delphine! Die beiden Frauen lachten und nickten. Ja, es sei jetzt die Zeit. Sie kämen vom Schwarzen Meer und wollten zum Marmarameer.

Die Delphine begleiteten uns, bis die schaukelnde Fähre einen Tankerriesen vorbeilassen mußte.

Die ungleichen Schwestern von Istanbul

Metrostation Osmanbey. Eine türkische Freundin nimmt mich mit in die Schule ihres 13-jährigen Sohnes. Es ist eine Privatschule. Wir geben die Ausweise an der Pforte ab. Im sonnendurchfluteten Innenhof spielen Kinder in weißblauer Schuluniform unter Bäumen; eine Gruppe übt Tänze für den Nationalfeiertag am 23. April. Es ist der Tag, an dem 1920 das erste Parlament der neuen Republik zusammenkam; Atatürk habe diesen Tag den Kindern auf der ganzen Welt geschenkt, sie sollten wissen, daß sie zusammengehören, egal welcher Hautfarbe oder welchen Glaubens sie seien.

Später sage ich meiner Freundin, daß ich keine Lehrerin mit Kopftuch gesehen habe. Sie sieht mich erstaunt an. Sie habe ihren Sohn hierher gegeben, weil dies eine freie Schule sei, in der griechische, armenische, jüdische, christliche, muslimische Kinder gemeinsam unterrichtet würden. Wir gehen ein paar Schritte weiter in eine armenische Bäckerei. Die Fensterscheiben sind mit bunten Ostereiern geschmückt. Es gibt das Hefegebäck, wie ich es aus Thessaloniki von den orthodoxen Christen kenne.

Meine Freundin hat nicht mehr viel Zeit. Sie muß zu ihrer Lesegruppe. Fünf Frauen in Beyoglu diskutieren Bücher über die politische Entwicklung der Türkei. Seit alles teurer geworden ist, lacht sie und packt ihre Sachen zusammen, gehen wir abends nicht mehr aus. Wir lesen! Die Verlage haben Hochkonjunktur!

Meine Freundin ist Wahlbeobachterin. Am Abend des 16. April schreibt sie über WhatsApp, daß sie fix und fertig sei. In Istanbul sei korrekt gewählt und ausgezählt worden. Wie in allen großen Städten haben hier die Nein-Stimmen überwogen. Aber Wahlmanipulationen seien offensichtlich. Nicht abgestempelte Stimmzettel wurden zugelassen, es gab Stromausfälle, und wenn der Strom wieder funktionierte, war die Zahl der Ja-Stimmen sprunghaft angestiegen. In manchen dörflichen Wahllokalen mußte offen abgestimmt werden, Polizisten wachten mit Maschinenpistolen an den Türen.

Ich stehe auf dem Balkon und schaue zur Promenade am Wasser. Die Lichter von der asiatischen Seite flimmern durch das Dunkel. Die dritte Bosporusbrücke ist erleuchtet und setzt einen neonroten Zirkumflex über das Land vor dem Schwarzen Meer.

Dann kommen sie. Menschengruppen mit den türkischen Fahnen. Sie laufen auf der Uferpromenade in Richtung Huber Köskü, eine der Residenzen des Präsidenten. Ich sehe vor allem Frauen. Sie tragen lange Mäntel, Kopftücher, die ihnen bis weit über die Schultern fallen. Sie laufen schnell, als seien sie schon zu spät dran oder als hätten sie noch viel vor, in der einen Hand eine Fahne schwingend, an der anderen ein Kind, gerne ein Mädchen. (Die Knaben gehen meist weiter hinten mit den Männern.) Die Frauen bewegen sich gemeinsam, Frauen wie Revolutionärinnen, weit ausschreitend, als könne niemand sie aufhalten. Parteibusse müssen sie hierher gebracht haben. Ich habe in Tarabya nie so viele Frauen mit Kopftüchern gesehen.

Diese Frauen wissen, der Präsident glaubt an sie. Also glauben sie an sich. Er setzt auf ihre Überzeugungskraft; deshalb überzeugen sie in seinem Namen. Mischen Politik mit Sozialarbeit in ihren Vierteln. Werden Heldinnen in den Straßen der Alten und Armen. Sie verstecken sich nicht weiter in den Häusern. Auf einmal spüren sie den Wind einer Freiheit. Hier am Bosporus mischt er sich mit den kalten Salzböen vom Schwarzen Meer. Er fährt in ihre langen Gewänder, läßt die Kopftücher, die Fahnen wehen. Sie laufen wie auf einer Bühne. Hinter ihnen die Blitzlichter der Wellen für die Heldinnen des »Ja«.

In der Nacht hat es geregnet. Am Morgen kreisen wieder die zwei Polizeiboote auf dem Wasser, zwei graue Hubschrauber stehen knatternd am Himmel. Die Männer mit den Sicherheitswesten und den Maschinenpistolen patroullieren. Dann kommt die Armada der weißen Motorräder, es folgen 20, 30 schwarzverspiegelte Limousinen und die eine Limousine mit den flatternden, kleinen roten Fähnchen. Dann eine zweite, auch mit Fähnchen, damit man nicht sicher weiß, in welcher der Präsident sitzt.

Eine bunte Joggerin rennt, auf ihren Atem konzentriert, vorbei. Der Beton der Promenade glänzt naß. Heute morgen sind nicht einmal Angler am Ufer.

II. Kleine Gemeinschaften

Bei den Derwischen in Konya

»This is your captain speaking«, sagt eine junge Frauenstimme, und die Maschine fliegt durch die Winternacht von Istanbul nach Konya. Konya, früher Ikonium, gelegen auf einer von Schneebergen umkränzten Hochebene in Mittelanatolien, war ein Ort des Frühchristentums und nach den Schriften des Apostel Paulus der Geburtsort der Heiligen Thekla. Heute ist Konya eine islamische Metropole und die konservativste Stadt der Türkei. Ihr Wahrzeichen ist der Turm über dem Mausoleum des persischen Mystikers und Dichters Dschalal ad-Din ar-Rumi, im Orient bekannt als Mevlana (Meister), im Okzident schlicht als Rumi. Nach dem Topkapi-Palast in Istanbul ist diese Grabstätte der am häufigsten besuchte Ort der Türkei. Am 17. Dezember begehen Muslime – und mit ihnen Christen, Juden, Heiden – hier den Todestag Mevlanas. Unter dem Motto »Birlik vakti« (»It's time to unite«, sagen die englischen Plakate) finden zwischen dem 7. und dem 17. Dezember über 150 Veranstaltungen statt, darunter allabendlich das Tanzen von 40 Derwischen im fast 3000 Menschen fassenden Saal des Mevlana-Kulturzentrums.

Kemal Atatürk, der Vater einer modernen, am Westen ausgerichteten Türkei, hatte im Zug der Säkularisierung 1923 die Bruderschaft der tanzenden Derwische verbieten lassen. Die Tekke (Klöster, besser Rückzugsorte) der Sufis wurden in Museen umgewandelt. Seit 1954 dürfen Derwischtänze vor Touristen wieder stattfinden. 2005 wurden sie in die UNESCO-Liste der »Meisterwerke des mündlichen und immateriellen Erbes der Menschheit« aufgenommen. Aber es gibt neben den offiziell gezeigten Derwischtänzen eine geheime Alltagsrealität islamischer Mystiker.

Ein Taxi ist ein Faradayscher Käfig. Schnell entdeckt sich der Fahrer als einer der 300 Professoren der Selcuk-Universität Konya, die nach dem Putschversuch vom 15. Juli verhaftet worden waren. Immerhin gehöre er jetzt nicht zu den 150, die noch im Gefängnis sitzen. Wir sind, er schaltet einen Gang hoch, eine religiöse Diktatur. Europa kenne Atatürk nicht, der erklärt habe, die Türkei sei kein islamisches Land. Als Türken, sagt er, haben wir den Geschmack der Demokratie erlebt, aber der Feind der Regierung jetzt sei der Laizismus. Vor der Windschutzscheibe wirbelt der Schnee. Der Koran ist kein weltliches Gesetzbuch! In der arabischen Welt interpretiere man ihn anders als in Iran. Der Verkehr staut sich, wir sind im Stadtzentrum. Ob er einen Derwisch kenne? Er schüttelt den Kopf. Hier in Konya gebe es vor allem alevitische Sufis; Mevlana kam aus Balch, heute Afghanistan, er ist vom schiitischen, vom alevitischen Denken beeinflußt. Aber die Regierung wolle den Mystiker zu einem guten sunnitischen Moslem machen! Von der Ferne leuchtet der türkis gekachelte Turm des Mausoleums. Ich bin alt, sagt er, aber ich denke an meinen Sohn. Ich gehe nicht in die Moschee, also geht er auch nicht in die Moschee. Welche Zukunft hat er?

An der Rezeption des Hich-Hotels geht die große Uhr rückwärts, weil Derwische sich im Gegenuhrzeigersinn drehen. Und dann folgen Zifferblätter mit der aktuellen Ortszeit religiöser Zentren: Mekka, Vatikan, Jerusalem, Varanasi, Samarkand, Sarnath. Eines der bekanntesten Gleichnisse von Mevlana sagt, daß Fromme, die Gott erkennen wollen, Blinden gleichen, die einen Elefanten abtasten. Je nachdem, wohin ihre vagen Finger irren, spürt jeder etwas anderes. Die Zimmer des Hotels tragen keine Nummern, sondern türkische Namen, die sich von vorn wie von hinten lesen lassen: NAMAZ (Gebet) – ZAMAN (Zeit); KAYA (Felsen) – AYAK (Fluß); KARO (Karo) – ORAK (Sichel); METOT (Methode) – TOTEM (Totem); ASI (Rebell) – ISA (Jesus).

Mehtap, 44 Jahre, serviert Tee. Sie ist in Duisburg als Tochter türkischer Gastarbeiter geboren, hat sich mit 18 in den Ferien in Konya verliebt und geheiratet. Deutschland ist grün, sagt sie, aber das Grün ist grau. Sie hat große melancholische Augen. Sie liebt diese Dezembertage um Seb-i Aruz herum, die Hochzeitsnacht, wie Mevlana seinen Todestag nannte. Denn sterbend würde er eins werden mit Gott und seinem Freund Schams. Ich lebe das jetzt auch, sagt Mehtap. Diese besondere Atmosphäre. Die Frauen kommen her, um zu weinen. Zu weinen? Ja, hier können sie sich besinnen, und sie dürfen weinen.

Konya, 1244. Dschalal ad-Din ar-Rumi ist mit 38 Jahren auf dem Höhepunkt seiner Karriere, ein geachteter und beliebter Islamwissenschaftler und Theologe, Ehegatte, Vater. Vor einer Karawanserei lernt er den Wanderderwisch Schams kennen. Ein Blickwechsel genügt. Er sei von den Lanzen seiner Wimpern getroffen worden, wird er später schreiben. Schams hat die Aura von göttlichem Licht. Für sechs Monate ziehen sich die beiden zurück, leben in frommer Askese und Liebes-Ekstase. Doch als sie wieder auftauchen, scheint Rumi verloren für jede bürgerliche Existenz. Zunehmend betrachtet die Gesellschaft von Konya seinen dahergelaufenen Freund mit Argwohn; der verläßt die Stadt. Endlich kommt Nachricht aus Syrien. Der Freund war in Damaskus. In »Dimaschq«, wo sonst! Reimt sich das Wort doch auf »aschq«: Liebe. Er kann Schams zurückholen. Doch bald bleibt der endgültig verschwunden. Vermutlich wurde er von Rumis Schülern ermordet. In der Sehnsucht nach dem Freund beginnt Dschalal ad-Din ar-Rumi zu schreiben. Und er entwickelt das Drehen, ja er soll, um sich kreisend, Verse seiner Liebeslyrik diktiert haben: Jenseits von richtig und falsch liegt ein Ort. Dort treffen wir uns. In den 30 Jahren bis zu seinem Tod entstehen etwa 60000 Verse. Rumi wurde populär durch seine Texte, sein Tanzen; den Orden seiner Nachfolger, der Mevlevi, hat sein Sohn Sultan Veled gegründet.

Vor dem Eingang in den verschneiten Rosengarten steht Sicherheitspolizei. Taschen und Rucksäcke passieren eine Röntgenschleuse. Eine Gruppe asiatischer Jugendlicher macht Selfies vor dem türkisfarbenen Turm. Drei farbig gekleidete Mongolinnen photographieren sich wechselseitig; eine Seminaristengruppe in schwarz lauscht einer Frau mit auberginefarbenem Kopftuch. Auf dem ganzen Gelände ist aus Lautsprechern die Ney-Flöte zu hören. Um den Innenraum des Mausoleums zu betreten, muß man blaue Plastiktüten über die Schuhe ziehen. Vor dem Gitter, hinter dem Mevlanas Sarg und weitere Särge mit Scheich-Hüten stehen, knien Frauen. Andere hocken auf Absätzen und lesen in seinen Schriften. Zwei Frauen umarmen sich. Eine lehnt mit geschlossenen Augen an einer Wand. Eine andere schaut in ihr Handy. Wieder eine weint. Die Frauen tragen die langen Kuttenmäntel der frommen Musliminnen oder kurze Röcke, Schaftstiefel mit hohen Absätzen. Zwei Männer in Pelzmützen und langen Locken diskutieren die kalligraphischen Schrifttafeln: Das Geheimnis des Ich ist in mir. Gott ist in mir. Ein Ehepaar betet vor einer Wand wie an einer Klagemauer. Als die Frau sich umdreht, ist ihr Gesicht tränenüberströmt. Warum Mevlana? Man kann sich seine Liebe nicht aussuchen, flüstert Marek, Anwalt aus Prag. Ich lese jeden Tag ein Gedicht von Mevlana, sagt Farid. Er ist in Afghanistan geboren, hat Pharmareferent gelernt, arbeitet jetzt als Taxifahrer in Hamburg. Das Universum dreht sich, die Atome drehen sich, im Drehen findet der Mensch zu Gott, sagt Nesrine, Ärztin aus Iran. In Nischen meditieren Menschen; eine Gruppe, Männer und Frauen, dicht an dicht, die Schultern berühren sich, hören einem Prediger zu. Eine Mutter in Jeans stillt. Wenige Schritte weiter im Bereich der Moschee beten Männer und Frauen getrennt. In einer Vitrine liegt die kalkgraue, löchrige Kutte Mevlanas, sein grünes Schultertuch. Illuminierte Koranhandschriften sind ausgestellt. Ein winziges Exemplar, gemalt mit einem Haar, daneben eines aus dem 9. Jahrhundert, geschrieben auf Gazellenhaut. Die Ney-Flöte verzögert die Zeit. Sie ist Mevlanas Sehnsuchtston, der Ruf nach Schams, nach Gott, nach der Unio mystica. Oder nur nach einem in der Moderne verlorenen Ich.

Unter einem Himmel von gefilzten Tüchern sitzt Celalettin auf Bodenkissen und flirtet. Es gibt türkischen Kaffee und safrangelbe weiche Kuchen. An den Wänden Bilder mit persischen Tulpenmotiven und tanzenden Derwischen, Perlenschnüre, die Schmuck sein können oder Gebetsketten. Celalettin ist Scheich und Kunsthandwerker und Geschäftsmann. Er umarmt die Neuseeländerin, die sich verabschiedet, und spricht weiter mit der Frau aus Saudi-Arabien. Eiman, Humangenetikerin, in Mekka geborene Muslimin, wirft ihr offenes blondes Haar zurück. Sie hat in Boston studiert. Sie kommt jedes Jahr. »Allah is love«, sagt sie. Und dann, als müsse sie sich entschuldigen: »We call it love. Allah is mercy.« Diesmal hat sie ihre Nichte mitgebracht, Hiba, 30. Deren schönes Gesicht, streng in ein Kopftuch gefaßt, liegt auf den angezogenen Knien. Wir wollten in Bursa Skifahren gehen, sagt Eiman, aber Hiba will hierbleiben. Celalettin ist ein lebensfreundlicher Weiser. Er hat mit seinen Derwischen die halbe Welt bereist. Sein Haus ist offen für alle Pilger. Nimm eine Dattel, sagt er. Im Nebenraum stellt seine Frau Derwischhüte her. Sie breitet die gerupfte Wolle aus, besprengt sie mit Seifenlauge, bringt sie in eine ovale Form, walkt und walkt. Sie stülpt das Oval wie einen Strumpf ineinander, spannt es auf zwei Holzformen. Eine neue Gruppe kommt die schmale Treppe herauf. Zwei Mädchen schütten Tüten mit Zwiebeln und Okra auf den langen Tisch in der Filzwerkstatt und beginnen zu kochen.

Konya im Dezember 2016, das ist das Drehritual der Derwische im riesigen Mevlana-Kulturzentrum. Eintritt frei. Die Programmhefte auf Türkisch, Farsi, Englisch. Es musiziert ein Sufiorchester von höchster Qualität, und die Dreh-Gebete sind ästhetisch wie ein Ballett.

Aber Konya im Dezember 2016, das sind auch Hinterhöfe, betretbar durch eine unauffällige Tür. Was hier geschieht, steht in keinem Kalender. Und alle kommen. Diesmal sind auch weißgekleidete Frauen aus der Ukraine dabei, weiß, denn sie feiern Mevlanas Hochzeits-Todesnacht. Aber auch Emily, 23, Schreinerin und Tramp aus Toronto mit ihren Springerstiefeln und Rastalocken, wird willkommen geheißen. Wenn sie die Schuhe auszieht.

Männer rollen riesige Aluminium-Scheiben herein, kleine Kreuzgestelle liegen schon auf dem Boden. In Sekunden entstehen daraus Tische für zehn, zwölf Essende. In zwei Räumen hocken gut 100 Menschen auf den Teppichen. Es gibt Joghurtsuppe, Schaffleisch und Blumenkohl, süßen Kürbis. Die geheime Loge lädt alle ein. Und so schnell wie der Raum Gasthaus wurde, so schnell wird alles abgetragen, und nun ist er Gebetsraum für eine Gemeinschaft, zu der gehört, wer da ist. Manchmal wird es so eng, daß es keinen Platz gibt für einen Schneidersitz. Man muß die Beine anziehen. Und der »Zirk« beginnt: Tamburin und Doppelbecken geben den Rhythmus vor für das meditative Nennen der Namen Allahs, für das wechselweise nach links und rechts atmende rhythmische Ausstoßen »Ya Hu« (Oh Er), »La ilahe illallah« (Es gibt keinen Gott außer Gott), bis die Gemeinschaft ein Körper ist. Dann wieder erzählt ein alter Rhapsode, eine Frau singt. Und aus der Menge steht ein erster Derwisch auf. Es ist eine Frau. Sie legt ihren schwarzen Mantel ab und verbeugt sich weiß mit dem hohen Filzhut. Die Arme über Kreuz, die Hände auf die Schultern gelegt. Embryonal. Ein verpuppter Schmetterling, der sich mit der Musik öffnet, zu drehen beginnt. Die Arme lösen sich, sie dreht sich um die eigene Achse, und ihr weißer Kreisrock fliegt in Glockenbewegungen mit. Die Arme sind nun weit, die eine Hand gegen die Erde geneigt, die andere gegen den Himmel. Im Rausch des Drehens, im Rausch der Tamburine, der Trommeln, der Flöten, eins mit allen, mit sich, mit Gott.

Konya, Flughafen, 18. Dezember frühmorgens. Es ist noch dunkel. Da sind sie wieder, in Alltagskleidung. Sufi-Musiker erkennt man am seltsamen Handgepäck: die Ney-Flöte in der langen Tasche, das Tamburin in der runden Hülle, die Doppeltrommel in den Beuteln. Doch die tanzenden Derwische, die jetzt nach Hause fahren, verschwinden in der Menge der Fluggäste.

Kilometer Null oder Stille Tage in Sulina

Ein Schwarm Pelikane überfliegt den Kanal. Das Licht der aufgehenden Sonne färbt sie rot. Angebundene Holzboote heben und senken sich vor haushohen Schiffswracks, die in Schräglage verrotten. Sulina, 3600 Einwohner, ist die östlichste Stadt Rumäniens und das Ende der EU.

Kilometer Null, sagt ein Blechschild am Kai, mitten auf dem Land. Im Jahr 1877, als man die Vermessung der Donau von der Mündung bis zur Quelle initiierte, schlug hier das Schwarze Meer an den Strand. Aber das Delta schiebt sich unaufhörlich nach Osten vor. Heute beginnt die Marea Neagra erst viele Kilometer hinter der Null-Markierung. Der Kanal muß ständig neu ausgegraben werden. Nachgemessen wurde schon lange nicht mehr.

Cristi nimmt die Sonnenbrille ab und bestellt ein Bier. Die Terrasse der Pension Perla liegt direkt am Kanal an der Straße 1. So gut wie alle Restaurants, Cafés, Hotels von Sulina grenzen an diese Straße. Mit Blick auf die Landungsstellen. Sulina ist nur über das Wasser zu erreichen; zufällig kommt hier niemand vorbei.

Der Ort hat sechs Hauptstraßen. Straße 1 und Straße 2 sind asphaltiert. Sonst Sand und der Klang alter Geräusche: Das Ausklopfen der Teppiche auf den Stangen, das Krähen der Hähne, das Getrappel der Hufe eines Pferdes, das seinen Weg kennt. Die Stille.

Cristi ist 1983 in Sulina geboren. Als Ceausescu und seine Frau vor laufenden Kameras standrechtlich erschossen wurden, war er sechs Jahre alt. Er hat in Tulcea, der nächstgrößeren Stadt (fünf, sechs Stunden mit der Fähre entfernt, etwa zwei mit dem Schnellboot), Kunst studiert. Später malte er in spanischen Kirchen und Bars. Er kam zurück. Aus Gründen, so klar wie die ständigen Nebel über Kanal und Strand, wenn sich warme und kalte Wasserschichten mischen. Cristi schiebt seine Schildmütze aus der Stirn, dann liegen seine muskulösen Arme wieder auf dem Holztisch, unternehmungsbereit. In Sulina ist er der Mann, der etwas versucht. Er spricht Englisch und führt Leute, die sich für die Landschaft des Deltas interessieren, die Vögel beobachten oder mit dem Boot durch die Seerosenteppiche gleiten wollen. Er organisiert den Land Rover für die Fahrt über die Sandinseln mit ihren Dünen und wilden Pferden, den Eichen- und Eschenwäldern und den armen, Touristen pittoresk anmutenden Siedlungen der Leute aus Moldawien, aus der Ukraine. Und er führt Fremde, die wegen der Geschichte kommen. Sulina war im 19. Jahrhundert ein Treffpunkt der internationalen Diplomatie, damals, als Sulina der Ort des Kilometer Null wurde.

Cristi lebt bei seiner Mutter in einer Plattenbauwohnung. Sie hat 38 Jahre in einer der Fischfabriken gearbeitet, die unter Ceausescu errichtet wurden. Heute verfallen die Anlagen, Ruinen mit glaslosen Fenstern, durch die der Wind fährt. Im Kommunismus produzierte Sulina 20000 Fischkonserven pro Jahr. Von seinem Atelier würde Cristi nicht sprechen; er malt in seinem Zimmer und verkauft ab und an Bilder an ein Restaurant oder gestaltet die Wand in einer Kneipe neu. Aber sein Kapital ist, was er weiß und wen er kennt.

Er sammelt historische Postkarten und stellt sie auf facebook: »Europolis Sulina«. Und in Sepiatönen ersteht die Erinnerung an die alte Zukunft wieder auf: vielmastige Segelschiffe mit jubelnden Gästen, Bälle, Feste am Strand in den Kleidern aus Paris und London; die Reihe strammstehender Matrosen in weiß, dekorierte Kapitäne, Herren in Zylinder und mit wichtigen Mienen unter dem rot-weiß-blauen Emblem: »CED«. Damals, zur Zeit der »Comisia Europeana a Dunarii«, der Europäischen Donaukonferenz, war die Straße 1 ein Boulevard der zweistöckigen Häuser mit Balustraden oder schönen hölzernen Erkern im osmanischen Stil.

Cristi nimmt einen Schluck Bier. Er grüßt eine gebückte Frau mit wollenem Kopftuch, die eine Propangasflasche auf einem Leiterwagen hinter sich herzieht. Die Auffüllstelle liegt wenige Meter weiter am Kai. Eine Mutter in rosa Steppjacke radelt vorbei; hinter ihr auf dem Gepäckträger, ein Kissen unter den Hintern geschoben, ihre kleine Tochter, auch in Rosa. Die Pudelmütze mit den abstehenden Tigerohren hat das Mädchen bis zum Hals gezogen und streckt, damit sie nicht in die Speichen geraten, die Beine in Strumpfhosen und Gummistiefeln weit von sich. Sie lacht in die Morgensonne. Zwei bärtige Lipowaner mit stahlblauen Augen – Männer einer orthodox gläubigen Gemeinschaft, die aus religiösen Gründen vor 300 Jahren aus Rußland ins abgelegene Donaudelta floh –, die kantigen Köpfe von russischen Bibermützen geschützt, gehen vorüber, als hätten sie ein Ziel. Wilde Hunde dösen auf Steinplatten, manchmal folgen sie für einige Schritte einem Passanten, in der Hoffnung auf einen freundlich hingeworfenen Bissen. Dann wieder ein junger Mann, eine Propangasflasche ziehend. Lange nicht alle Häuser haben Strom.

Nach dem Ende des Krimkriegs, beim Pariser Frieden im März 1856, wurde die Donau zu einem freien Schiffahrtsweg erklärt. Über einen Kanal sollte sie an die Hochseeschiffahrt zwischen Schwarzem Meer und Nordsee angeschlossen werden. Bereits im November kam in Galatz, Westmoldau, eine Europäische Donaukommission zusammen. Vertreten waren sieben Staaten: Preußen, Frankreich, das Vereinigte Königreich von Großbritannien und Irland, das Kaisertum Österreich, das Russische Reich, das Königreich Sardinien und das Osmanische Reich. Bald war man sich einig, daß von den drei Donauarmen des Deltas der zwischen dem Chilia-Arm im Süden (der heute die Grenze zur Ukraine markiert) und dem St. Georgs-Arm im Norden gelegene kurze Sulina-Arm am besten geeignet wäre. Von Tulcea her fließt die Donau 35 Kilometer lang in ihrem natürlichen Bett, danach mußte sie für Schiffe von mittlerer Tonnage zu einem Kanal ausgebaut werden. Von 1856/57 bis zum Ersten Weltkrieg wurde Sulina der Sitz der Donaukommission. In Sir Charles August Harley fand sich ein Ingenieur, der 50 Jahre lang für den Bau zuständig war. Man nannte ihn »Vater der Donau«. Der britische Einfluß in Sulina war gesetzt. Daß ein Großteil der Strecke auf osmanischem Gebiet lag, interessierte kaum jemanden.

Im alten Fischerort Sulina, dem Piratenversteck, levantinischem Handelshafen, Stützpunkt der osmanischen Flotte, entstand ein internationales Leben mit Diplomaten, Ingenieuren, Handwerkern, Arbeitern, Händlern, Zollangestellten, Agenten, Übersetzern, Ärzten, Lehrern. Geschäfte und Hotels wurden eröffnet. Klubs im englischen Stil, Kabaretts. Es gab ein Kino und ein Theater. Neben dem alten Leuchtturm am Strand, den sie renovieren ließ, baute sich die Donaukommission eine prächtige Gebäudeanlage. In der Nähe ließ sie eine Schule und ein Krankenhaus errichten. Und sie tanzte. Eugenio Botez (1877–1933), ein Marineoffizier, der gegen Ende seines Lebens in Sulina als Hafeninspektor arbeitete, schrieb unter dem Pseudonym Jean Bart (der Name eines Freibeuters des 17. Jahrhunderts) den in viele Sprachen übersetzten Roman »Europolis«, der – über das Schicksal eines aus Südamerika zurückgekehrten griechischen Sohnes der Stadt und seiner schönen halbschwarzen Mischlingstochter – vom kosmopolitischen Alltag um 1920 erzählt.

Die Idee eines gemeinsamen Europas schien in Sulina Wirklichkeit geworden. Die Administration lag in rumänischer Hand; die starke griechische Kolonie war ökonomisch prägend, doch es lebten und arbeiteten hier auch Juden, Türken, Armenier, Lipowaner. Und mit der internationalen Diplomatie tauchten Abenteurer auf, die im Freihafen ihr Glück suchten. Sulina war polyglott; in der Schule wurde in verschiedenen Sprachen unterrichtet. Etwa 15 000 Menschen aus über 20 Nationen arrangierten sich in der kleinen Stadt am Delta. Der Friede muß lebendig, mitunter nervös, aufgeheizt gewesen sein. Nicht nur wegen der sommerlichen Temperaturen, die leicht über 40 Grad gingen, und trotz der Winter, in denen die Donau zu einer dicken Eisdecke festfror. Verschiedene Religionsgemeinschaften koexistierten: Orthodoxe, Muslime, Juden, Anglikaner, Katholiken, Protestanten. Heute gibt es noch sechs Kirchen in Sulina.

Eine Moschee und eine Synagoge gibt es nicht mehr.

Zur Zeit von Jean Bart war der Friedhof eine Insel. Heute liegt er auf dem Festland inmitten von grünen Wiesen, auf denen Tiere frei weiden. Ein Fohlen trinkt bei seiner Mutter, während am Horizont rotbraune Pferde in schnellen Galopp fallen und ebenso unvermittelt zum Stehen kommen, wie sie losgerannt sind. Frösche quaken.

Vor der jüdischen Abteilung des Friedhofs ist das schmiedeeiserne Gatter mit dem Davidstern nur angelehnt. Es gibt noch wenige Grabsteine auf dem Areal, schräge, ganz umgefallene, verwitternd. Ihre Inschriften sind auf Hebräisch, Italienisch, Deutsch. Daneben der Türkische Friedhof, einzelne Grabstelen mit einem Turban, einem Fez als Fragmente erkennbar, da, wo sie nicht überwachsen sind, die Schriftzeichen arabisch. Zur Zeit des Kommunismus vor die Wahl gestellt, enteignet zu werden oder die rumänische Staatsbürgerschaft anzunehmen, haben Juden und Türken das Land verlassen.

Im christlichen Teil des Friedhofs liegen wie gemauerte Blumenbeete die Felder der verschiedenen Nationen. Die weißen rumänischen Totenstätten mit den Tischlein für die Osterspeisen der Verstorbenen, die griechischen Gräber. Gegenüber, vor der kleinen Kapelle mit dem alten hölzernen Leichenwagen, die Gräber der Engländer, dahinter die der Italiener, an der Kapellenwand die jungen Toten aus dem Krimkrieg. Es folgt das Feld mit den französischen und den deutschen Toten, ganz links die Reihen der Lipowaner. Farbwechsel von grau und weiß, Modulationen im Ton des Trauerns. Es ist windig. Da, wo das Meer sein müßte, steigt eine weiße Wand aus Nebel.

Zwischen den Gräbern, emsig durch die Reihen laufend, erscheint ein schwarzgekleideter Mann. Seine Weste hat keine Ärmel, das gibt ihm Bewegungsfreiheit. Seine Stirnglatze verlängert sein Gesicht, das ganz von einem gutgeschnittenen schwarzen Vollbart gerahmt wird. Er schiebt ein gelbes Plastikrädchen an einem Stock vor sich her, notiert etwas in eine Kladde. Er mißt. Er mißt die Länge der Gräber, ihren Abstand voneinander; er notiert die Inschriften. Valentin ist Lehrer an der Schule von Sulina. Seit acht Jahren arbeite er an einem Buch über diesen besonderen Friedhof. Er will die Toten festhalten. Die Gräber sind ihm Garanten für das Leben. Er winkt und geht voraus. Hier, sagt er, das berühmte Grab von Prinzessin Ekaterina Moruzi, geboren in Konstantinopel, gestorben in Sulina. Ihr Körper ist heute in Bukarest. Sie war die Nichte des Prinzen von Moldawien. Er verbeugt sich und eilt weiter. Und hier, das Grab des griechischen Piraten Georgios Kotogouris, 1838 geboren in Kefalonia, von russischen Soldaten erschossen am 25. März 1871, dem Nationalfeiertag der Griechen. Er war ein Robin Hood. Valentin seufzt und folgt dem Lauf seines Plastikrads. Er nahm den Reichen, gab den Armen. Und schon verschwindet seine ärmellose schwarze Jacke hinter all den Steinen, all den Kreuzen.

Wer will, wird die Spuren des alten Sulina auch unter den Lebenden sehen. Es gibt sie noch, die zweistöckigen Häuser mit den schmiedeeisernen Balkonen, kunstvollen Verzierungen der Regenrinnen, Jugendstilmotiven in den Fenstern. Stukkaturen, Säulen. Erker und Türen, die sich einer Bourgeoisie öffneten, deren Lebensgefühl ökonomische Unschuld gewesen sein muß. Man wollte den wirtschaftlichen Aufschwung, glaubte an Handelsfreiheit und an die Segnungen des Kapitalismus für alle. Und es gibt das ältere Sulina: Die aus Lehmziegel gemauerten kleinen Häuser, blau und weiß gestrichen, reetgedeckt, die Winkel der Fischer, der Jäger, die im Delta immer ihr Auskommen fanden, bevor im Sinn des von der EU propagierten Naturschutzes die Fischerei eingeschränkt wurde und die Jagd verboten. Und über alles zieht sich, immer noch, der Beton des Kommunismus, der Plattenbau. Und es irrlichtert in den Köpfen die Ideologie und das Charisma von Ceausescu: Damals war es besser!

Tian bietet Milchkaffee an in vom Feuer geschwärzten Emailbechern. Wir sitzen vor einem niedrigen Lehmhaus im hohen Niemandsland des Schilfs. Cristi hat uns über kleine Wasserstraßen durchs Delta zu den Fischern gelotst. Ja, sagt Tian – und legt die Hände auf das helle Wolltuch, mit dem er sich, wie die Fischer es tun, die Nierenpartie umwickelt hat – ja, unter Ceausescu war es besser. Sein Vater Mihail, Lastwagenfahrer im Kommunismus, jetzt Rentner, sagt nichts; er pult Maiskörner, Saatgut von den Kolben. Eine weiße Katze mit einem grünen und einem blauen Auge reibt ihren Kopf an seinem Bein. Gleich werden sie mit dem Boot weiterfahren, auf eine Landzone im Delta, wo ihr Garten liegt. Tian ist

38 Jahre alt, verheiratet und hat eine fünfjährige Tochter. Von April bis November ist er Matrose und umschifft die Kontinente. Er weiß von seinen Kollegen, von den irischen, den schottischen, wie man in Westeuropa lebt. Er nickt. Aber er werde wohl nie Sulina verlassen. Er zögert, lächelt: höchstens wegen seiner Tochter. Wenn es für sie wichtig wäre. Es gibt keinen Zahnarzt in Sulina und das Krankenhaus sei schlecht ausgestattet. Die Kinder werden in Tulcea geboren oder auf dem Schiff. Ich liebe meine Heimat, sagt er. Aber sie haben uns vergessen. Sie haben die normalen Leute vergessen. Unter Ceausescu war es für uns besser. Denn heute braucht man Geld.

Rumänien ist seit 2007 in der EU. Die Arbeitslosigkeit im Delta liegt bei 40 Prozent. Die kommunistische Mafia, sagt Cristi, war bekannt. Die neue Mafia ist nicht so leicht zu durchschauen. Seit Jahren möchte Cristi ein Haus kaufen. Wenn er das vor seinem 35. Geburtstag tut, bekommt er Steuererleichterungen. Aber seine Anträge bleiben irgendwo liegen.

Die Fischer brechen auf; wir fahren durch die Kanäle im Schilf zurück. Das Wasser ist so ruhig und klar, daß man die Stiele der Seerosen am Grund sieht. Es riecht nach Wasserminze. Eine Schildkröte taucht vorbei. Ein Mann in einem Ruderboot bringt Bündel von frischgeschnittenem Schilf heim. Schilf ist Baustoff für die Dächer, Zäune, Isoliermaterial, Brennmittel, Tierfutter; und es wird exportiert für die Papierfabriken in Deutschland, Großbritannien, Holland, Dänemark. Das Donaudelta umfaßt knapp 600 000 ha – eine Fläche doppelt so groß wie Luxemburg –, aber nur 5 %

sind reines Festland, der Rest ist zeitweise oder immer überschwemmt. Das Schilfrohr bildet Dickichte, seine Wurzeln verzweigen sich unter Wasser mit anderen Pflanzen zu einem schlammigen Flechtwerk. Oft reißen solche hektargroßen Unterwasserteppiche ab und steigen an die Oberfläche. Es entstehen schwimmende Inseln, »Plauri«, von unterschiedlicher Dicke. Sie sind gefährlich. Da, wo das schönblaue Vergißmeinnicht wächst etwa, sollte man den Boden nicht betreten, er trägt nicht. Und einmal eingebrochen und unter den Plaur geraten, gibt es kaum ein Entkommen. In diesen Regionen verstecken sich Fischotter und Nerze. Einheimische bewegen sich auf den Inseln in den Spuren der Wildschweine; sie vertrauen dem Instinkt der Tiere. Mit 250000 ha Schilfrohr von vier bis sechs Metern Höhe ist das Donaudelta das größte zusammenhängende Schilfgebiet dieses Planeten.

Das modernste Haus in Sulina ist ein Stein-Glaspalast, er beherbergt ein Naturkundemuseum mit Dioramen, die die unterschiedlichen Habitate des Deltas zeigen. Es gibt einen Konferenzraum, Klassenzimmer, ein Spielzimmer für die Kleinsten. Es riecht ganz neu. Wie lange das Haus schon kurz vor der Eröffnung steht, ist nicht auszumachen. Romana, 39, wird hier arbeiten. Sie hat die schwärzesten Locken, die lachendsten Augen und einen olivbraunen Teint. Sie kommt aus der Kleinen Walachei, wie Constantin Brancusi, fügt sie gleich hinzu. Die Liebe hat sie nach Sulina gebracht. Nun ist sie Mutter zweier Töchter, sieben und vier Jahre, und entschlossen, hier glücklich zu sein. Auch wenn sie die Winter fürchtet, wenn das Wasser friert und man über Wochen eingeschlossen ist. Ihr Mann arbeitet bei einer Firma, die Fische von den Fischern kauft. Er könne Sulina nicht verlassen. Die Einheimischen liebten es, hier zu leben. Und, sagt sie, es ist besser, du bist jemand in deinem Dorf als niemand in einer Stadt.

Romana glaubt an den Tourismus. Im Sommer kommen die Leute zum Schwimmen an den kilometerlangen Sandstrand. Aber zunehmend interessierten sie sich für die Natur des Deltas. Für seine 30 verschiedenen Ökosysteme, für die 1600 Pflanzen- und 3500 Tierarten. Das Donaudelta gehört zum Weltnaturerbe. Ein Bewußtsein für den Naturschutz entwickle sich. Und seit Rumänien in der EU sei, kämen Westtouristen.

Die Sommersaison steht bevor. Straßen werden ausgebessert, Holzterrassen der Cafés neu gestrichen. Auf der Landungsstelle vor der Pension Perla stehen, noch in Plastik verpackt, frische Sonnenschirme. Ein Pferdekarren mit einem neuen Kühlschrank kommt vorbei. Auf der Kutscherbank sitzen Großvater, Vater und Sohn. Der Kleine hält die Zügel. Alle drei lachen stolz und biegen ab Richtung Straße 6.

Die Sonne, eine rote Scheibe, malt barocke Wolkengebilde über den Kanal bei Kilometer Null. Sie läßt sich Zeit mit dem Untergehen.

»A Sent be rumantsch!«
Ein Engadiner Dorf wird Klassenzimmer

Allegra! (eine Kurzform von »Daß Gott uns erfreue!«) heißt der Gruß im Engadin. Das Tal des jungen Inn mit seinen Seelandschaften und Schluchten ist die bekannteste Region Graubündens, des einzigen Kantons der Schweiz, in dem drei Sprachen gesprochen werden: Deutsch, Italienisch und Romanisch. Im Engadin, einer der höchsten bewohnten Regionen Europas, hört man zwei (der fünf) bündnerromanischen Idiome: im Oberengadin Puter, im Unterengadin Vallader. Hier liegt, wenige Kilometer von der österreichischen Grenze entfernt und mit Blick auf die Berggipfel Italiens, das Dorf Sent, eine alte Hochburg der romanischen Sprache.

Gäste, die mit dem Zug von Deutschland ins Unterengadin reisen, fahren mit der Schweizerischen Bundesbahn über Zürich am Zürichsee, am Walensee entlang, dann durchs Rheintal bis Landquart und wechseln dort auf die Rhätische Bahn. Sie durchqueren das von Walsern geprägte Prättigau, tauchen bei Klosters ein in den Vereina, den längsten Meterspurtunnel der Welt, und nach knapp 20 Kilometern wieder ans Licht: Sonne, südlich blauer Himmel, schneegleißende Berge, und unten mäandert smaragdgrün der Inn. Das Engadin ist sein Garten. Flußabwärts geht es vorbei an kleinen Dörfern mit sgraffito-verzierten Häusern. Die Zugdurchsage verkündet: »Fermada sün dumonda« (Halt auf Verlangen). Wer aussteigen möchte, muß auf einen Knopf drücken. Endlich hält die rote Bahn. Scuol-Tarasp, Endstation. Mit dem Postauto fährt man an Wiesen entlang auf eine Sonnenterrasse hinauf. Sent Sala, Sent Plaz. Nun sind wir auf 1440 Metern und im Herzen des Vallader.

Unter dem Motto »A Sent be rumantsch!« (In Sent nur Romanisch!) wird dieses Dorf im November zum Klassenzimmer für 40 internationale Sprachschüler. Sie interessieren sich für eine Kleinsprache, die mit ihren rätischen und keltischen Wurzeln älter ist als das Latein. Das Konzept der Woche verbindet den immersiven Sprachkurs mit einem Homestay (die Idee kam aus Amerika ins Tal). Vormittags findet in Zimmern des Gemeindehauses und im Pfarrhaus klassischer Sprachunterricht statt. Nachmittags gibt es Ausflüge oder Workshops, Treffen in der »Grotta da cultura« (dem kleinen Veranstaltungsraum des Dorfes mit Bar), abends ein Konzert, einen Film. Die Sprachschüler werden in Senter Familien leben, beim Schreiner, beim Lehrer, bei der schönen alten Schauspielerin oder der sechsköpfigen Bauernfamilie. Sie sitzen mit am Küchentisch, gehen in den Stall, lernen in der Arvenholzstube ihre Vokabeln. Und vermeiden jedes nicht-romanische Wort. Denn: Wer sich auf »A Sent be rumantsch« einläßt, muß feierlich schwören, in diesen Tagen ausschließlich Romanisch zu sprechen. Das gilt auch für Anfänger. Und ein Gesellschaftsspiel beginnt.

Sonntag, 6. November. Eine Schneenacht. Gegen 19.00 Uhr stapfen Senter Familien ins Gemeindehaus; angereiste Gäste kommen mit Taschen und Koffern. Im zweiten Stock vor dem Eingang in den großen Saal hat Cla, pensionierter Lehrer in Funktionswanderhosen, schon einen Tisch mit Namensschildchen vorbereitet. Er kennt seine Sprachgäste; sie haben sich bei ihm über die Website von Sent angemeldet, und er hat mit ihnen übers Jahr hin korrespondiert. Sie wuchsen an seinen Rundmails, die er verschickte: erste Konjugationstabellen, kulturgeschichtliche Hinweise und Anekdoten, Neuigkeiten aus dem Dorf, die Karte mit den Namen der Berge, die man von Sent aus sehen kann. Gianna-Bettina, Lehrerin, schmal, von unauffälliger Entschiedenheit (sie arrangiert die möglichst passenden Schüler-Gastfamilien-Konstellationen), und Cristina, schwarzer Lockenkopf, Logopädin und Hauptorganisatorin der Gruppe, verteilen den Ansteckknopf mit dem Logo von »A Sent be rumantsch«. Während der Immersiv-Woche tragen die Senter den blau-roten Sprechblasen-Button und geben sich als Teilnehmer des Spiels zu erkennen. Auch die Dorfläden haben Plakate mit dem Logo an den Türen. Andri, Treuhänder und Präsident des Verwaltungsrats der Scuoler Bergbahnen, legt die Korkenzieher für den Apéro bereit. Er ist zuständig für die Finanzen und den Wein. Ida, Organistin in Webpelzjacke und, wie meist, mit Ringelsocken, breitet auf dem Klavier die Noten für die Senter Hymne »Il cumün in silenzi« (Das Dorf in der Stille) aus. Manfred, Literaturdozent, kein Muttersprachler, aber romanisch-schwäbelndes Mitglied des Organisationskomitees, bringt den Gong für die Sprachzeit-Zeremonie. Er ist der Ombudsmann. Mit ihm darf im Notfall deutsch gesprochen werden.

Es wird immer lauter. An den Wänden bilden sich Menschentrauben vor den Listen, auf denen steht, wer bei wem wohnen wird. Manche Familie sieht ihren Gast nun zum ersten Mal. Andere sitzen schon vertraut nebeneinander. Die Sprachschüler vergangener Jahre winken einander zu. Inger, die pensionierte Stewardess aus Norwegen, entdeckt Doris, die Sekretärin aus London, und beide wedeln nun in Richtung Ulli, der Zeitungsredakteurin aus Tübingen. Langsam rückt man in die Stuhlreihen, gut 100 Personen sind anwesend.

Cristinas Lockenkopf erscheint. Sie begrüßt nun alle, die sich auf das Wagnis der fremden Nähe einlassen. Es sei ein Abenteuer, eine bedrohte Sprache zu lernen. Noch etwa 60 000 Menschen sprechen Romanisch. Aber was heiße Bedrohung! Auch das Deutsche sei – im Unterschied zum Chinesischen etwa – in weiterer Zukunft seiner Existenz nicht allzu sicher. Es gelte die Gegenwart! Ida stellt die Lehrer vor. Es unterrichten die Senter Schwestern Madlaina und Corina, beide Bäuerinnen und Romanisch-Lehrerinnen, und diesmal macht auch Corinas Tochter Nataglia, eine Senter Primarlehrerin, mit; Reto, der vierte im Bund, ist Lehrer in Scuol.

Schon ist das Buffet eröffnet mit Engadiner Trockenfleisch und Würsten, Käse aus Kuh- und Ziegenmilch, Birnenbrot und Nußtorte, eingelegtem Kürbis, Trauben und Weinen aus der Bündner Herrschaft. Die Stimmung ist froh, aufgeregt, ja aufgekratzt. Manch einem wird jetzt bang.

Scheu lächelt Hiroyuki, 50 Jahre, an der Seite von Anna, Schreinerin, die mit ihrem Mann, einem emeritierten Geologen der ETH Zürich, nach Sent gezogen ist; beide haben fließend Romanisch gelernt. Hiroyuki kommt von der Universität Osaka. Er interessiert sich für kleine Sprachen, die noch überleben. Er kenne romanische Literatur, sagt er leise, soweit sie ins Deutsche übersetzt sei. Aber er möchte sie im Original lesen. Natalie, 31, die jüngste Teilnehmerin, arbeitet in Zürich für eine Marketingfirma. Aber ihr Vater ist Engadiner. Sie wolle zu ihren Wurzeln zurück. Sie lacht übers ganze Gesicht und beißt in das gute Nußbrot. Aus Respekt, sagt Georges, 60, möchte er Romanisch lernen. Er ist Tscheche und nach der Niederschlagung des Prager Frühlings als Zwölfjähriger mit der Familie in die Schweiz gekommen; er lebt als Arzt in Zug und hat mit seiner Frau seit kurzem eine Ferienwohnung in Sent. Verena, 72, spricht schon drei der Schweizer Landessprachen; Romanisch fehlt ihr noch. Und jetzt hat die Mutter zweier Buben und Großmutter zweier Enkel Zeit. Soll ich in eine Migros-Klubschule gehen? Sie schüttelt den Kopf. Nein, sie wolle in eine Familie! Marc, 46, Physiker, ist mit einer Engadinerin verheiratet. Die beiden leben im Emmental, kommen aber seit fünf Jahren jede Winterferien nach Sent. Seine Frau spreche Vallader. Er höre diese Sprache so gern, das sei doch wie Musik. Sanna, 73, hat als Kind im Engadin Skifahren gelernt, sie nimmt einen Schluck Weißwein, schon immer wollte sie Romanisch lernen. Sie hat in der Haute Couture gearbeitet, sich mit 35 Jahren selbständig gemacht. Mit 50 zu klettern begonnen. Seit einem knappen Jahr ist sie von ihrem Mann getrennt. Ich bin das ganze Leben am Anfangen! Sie strahlt. Ich kann kein Wort Romanisch und habe keine Ahnung, wie das funktionieren soll!

Die Stunde des Spracheids ist gekommen. Gianna-Bettina und Ombudsmann Manfred sitzen ernst mit den eidesstattlichen Erklärungen am Tisch und rufen Schüler und Gastfamilien einzeln auf. Auf einmal wird es still. Der Senter Romane Duri, Informatiker, und sein Gast Andreas, Schuldirektor aus Schleinikon bei Zürich, stehen auf, lächeln sich an und gehen nach vorn. Sie unterschreiben. Nesa, Handarbeitslehrerin, legt Sibyl, Übersetzerin, den Arm auf die Schulter und führt sie an den Tisch. Die beiden kennen sich noch nicht. Wer ist hier mutiger? Die Familie, die einen fremden Gast aufnimmt, oder der Gast, der sich mehr oder minder sprachlos einer neuen Gemeinschaft anvertraut? Und plötzlich wird klar, um was es auch geht. Man darf hier lernen wie ein Kind im Schutzraum einer Familie, eines Dorfes. Egal, wie alt man ist. Als Hiroyuki mit Anna vortritt, gibt es spontanen Applaus. Und der kinderkleine Professor lächelt bescheiden, so, als bitte er, seine Demut anzunehmen.

Der Spracheid endet mit der Gong-Zeremonie. Ida beginnt den Countdown und zählt auf deutsch: »Zehn, neun, acht …« Ab »sieben« wird ihre Stimme leiser und die romanische Stimme des Ombudsmannes setzt ein: »ses, tschinch, quatter, trais, duos, ün«. Bei »nolla« schlägt Ida auf den Gong. Und die romanische Zeit hat begonnen. Alle singen zusammen »Cumün in silenzi« (Cla hat Noten und Text gemailt), und die Schüler gehen mit ihren Familien nach Hause.

Das Wetter spielte mit, als wollte es noch eine eigene Werbung für die Romanischwoche 2016 inszenieren. Es gab den engadinblauen Himmel und Sonne, und dann wieder schneite es, als fielen Vokabeln vom Himmel, Sprachflocken, während man drinnen die ersten Sätze übte – »Quista bes-cha es ün chavagl« (Dieses Tier ist ein Pferd) – oder schon Inversionen probiert wurden: »Eu chant; hoz chanta« (Ich singe; heute singe ich).

Cla nahm mit auf eine Wanderung; es wurde getanzt, gekocht, romanische Elfchen und Haikus geschrieben, eine Theaterszene eingeübt.

Beim Schlußfest stolperten die Schüler schon selbstverständlich durchs Romanische. Und Ida erklärte: »Sbagls han scharm« (Fehler haben Charme). Wir sind gleich Freunde geworden, sagt Sanna. Sie hat beim Postauto-Chauffeur Oscar und seiner Frau Olga gewohnt. Gut, sie könne Italienisch und Französisch, das sei ein Vorteil beim Romanischlernen. Aber diese Woche sei so viel mehr als ein Sprachkurs!

Es gab Bizocals, Fleisch und Fleischpastete, Salate, bunte Kuchen. Man tanzte zu Klarinette, Akkordeon und Kontrabaß, las Selbstgeschriebenes, spielte Theater. Bis die Gongzeremonie (in den romanischen Countdown bricht nun die deutsche Stimme ein) die Romanische Zeit wieder beenden sollte. Aber die Schüler zählten romanisch weiter. Über die Woche war ihnen ein kleines romanisches Ich gewachsen, das sie nicht so leicht aufgeben wollten.

Ulli, die Redakteurin aus Tübingen, sagt: Ich hatte in der Schule Latein, und es ist wunderbar zu beobachten, wie wandelbar es ist. Wie im Vallader so lustige Umlaute auftauchen. Und es ist ein zweckfreies Lernen. Man braucht diese Sprache ja nicht. Sie ist ein Luxus, eine Wellnesskur für das Gehirn, man taucht tatsächlich ein. Am zweiten, dritten Tag hatte ich eine Krise. Schlief schlecht, träumte von Grammatik: »eu vegn, tü vast, el va« (ich gehe, du gehst, er geht), und auf einmal wird das Gehirn umgeschaltet. Das Zutrauen wächst, am Ende der Woche denkt man Sätze auf romanisch. Und der Kopf ist erholt. Und als bedrohte Sprache hat das Romanische etwas Verschworenes, etwas von einem Geheimbund.

Aita, Senter Bäuerin, erzählt: Die Kinder waren begeistert. Auf einmal wußten sie mehr als die Erwachsenen. Es war ein Rollenwechsel. Jetzt waren sie die Lehrer! Sie brachten ihre Bilderbücher und Fibeln und zeigten »Quist es üna brümbla« (Das ist eine Zwetschge). Es war sehr intensiv und auch lustig. Ihr Lexikon ist ganz zerfleddert. Sie haben begriffen, daß sie eine besondere Sprache sprechen. Und wir Erwachsene konnten nicht mehr drumherumreden. Man spricht konzentriert, kommt mit dem Wenigsten aus.

Cristina, die Logopädin und heimliche Präsidentin von »A Sent be rumantsch«, sagt: Im November, in der absoluten Nebensaison, sind 40 Personen, manche noch mit Partnern, in Sent! Sie wollen in unsere Kultur und Sprache eintauchen. Das macht das Dorf auch stolz. Wir sind ein kleiner, aber nicht mehr zu übersehender Faktor in der Tourismusbranche. Sprache ist ja etwas sehr Intimes. Cla erhält nach der Woche jedesmal begeisterte Mails. Alle sind zufrieden. Sie kommen wieder, manche initiieren mit ›ihrer‹ Familie private immersive Wochen. Für Zweitwohnungsbesitzer ist »A Sent be rumantsch« eine Chance, sich wie natürlich im Dorf einzuleben. Und dem Dorf tut diese Durchmischung gut. Wir Senter sehen: Aha, so kann man auch denken! Wir bleiben offen. Und dann sprechen sie auch noch unsere Sprache! Sie gehören also zu uns.

Seit 2014 finden die Romanischwochen nur noch alle zwei Jahre statt. Das Organisationskomitee wollte die Woche frisch halten und möglichen Müdigkeiten vorbeugen. Alle arbeiten mehr oder minder umsonst oder zu einem minimalen Honorar. Die Kursgebühren liegen bei 950 Franken, Unterricht, Unterrichtsmaterial, Wohnen, Vollpension und Veranstaltungen eingeschlossen. Die Möglichkeit, die Romanischwoche gewinnbringend zu professionalisieren, lehnt das Komitee ab.

Das alte Rätoromanisch ist flexibel. Das ist seine Chance. Die jungen Romanen im Tal mischen es mit Anglizismen und deutschen Wörtern. In Analogie zur Steigerungsform »bunischem« (sehr gut) bilden sie »coolischem« oder »geilischem«, oder sie konjugieren das englischdeutsche Wort »chillen« romanisch: »Eu chill, tü chillast, ella chilla ….« Und die meist in der Hotellerie arbeitenden portugiesischen Jugendlichen lernen leichter Puter oder Vallader als Deutsch und sprechen damit eine der vier Landessprachen. Das hilft ihnen bei der Einbürgerung. Und erneuert das Romanische. Aber auch die Senter Sprachschüler sind sprachschöpfend. Wer wüßte das besser als der alte Lehrer Cla. »Bütsch« ist das romanische Wort für Kuß. Und jetzt schickt ihm Inger aus Norwegen zum Dank für die Woche ihre »Trollbütschs«.

Eros ist ein bittersüßes unbesiegbares Kriechtier.
Fragmente aus dem Altgriechischunterricht

»Da ist ja jedes fünfte Wort unbekannt!«, protestiert Lorenzo unter seiner roten Wollmütze. »Es gibt wohl welche, bei denen das so ist«, sagt Klaus-Arnim Benkendorff, hebt einen Stuhl auf den Tisch und lehnt sich an das improvisierte Stehpult: groß, schlank, im marineblauen Hemd, ein Kapitän auf der Kommandobrücke. Sein Meer heißt Xenophon, die Untiefe »Anabasis«. Eine Passage soll selbständig übersetzt werden. Vor den Schülern liegt ein Originaltext, der fast zweieinhalbtausend Jahre alt ist. Hinter den Fensterscheiben färbt die fahle Sonne die Tübinger Neckarfront der Altstadthäuser. Ein Schwan fliegt tief vorbei. Verwaschene Winteridylle mit Hölderlinturm.

»Was heißt ›enteuthen‹?«, ruft David. Das sei bekannt. »Theresa weiß es auch nicht«, trotzt Lorenzo mit einer Kehrtwendung zurück zu seinem eigenen Tisch. Der Lehrer gibt nach: »von dort«. – »Und ›Kränä‹?« – »Quelle«. In das aufgeregte Gemurmel mischt sich langsam ein beruhigendes Summen. Das Schiff hat Kurs genommen. Manche übersetzen halblaut vor sich hin, manche diskutieren raunend: »Ja, zwei Tagesmärsche, zusammen zehn Parasangen!« – »Allein wäre besser«, kommt der Appell von vorn. Simon meditiert andächtig über dem Heft von Axel neben sich. »Wenn Du keine Wörter lernst, wie willst Du dann einen Text übersetzen?«, die Stimme des Pädagogen setzt nach, »das ist keine Frage der Intelligenz.« – »Doch«, sagt Lorenzo. Die Mädchengruppe am Fenster hat tuschelnd die Köpfe gesenkt, Johanna legt das Kinn in den Webpelzkragen ihrer Jeansjacke wie in ein Gefieder. Marie wahrt bauchfrei Haltung, ein Sterngürtel glitzert unter einem Band gebräunter Haut. »Was heißt ›kerasas‹?« – »Mischen, vermischen«. Und jäh in die kostbare Phase konzentrierter Ruhe platzt die helle Klage: »Also, Herr Benkendorff, ich krieg den Text nicht hin.« Der Schulmeister nickt, winkt Lukas zu sich. Stirn an Stirn, die Finger auf den Buchstaben, übersetzen sie miteinander leise weiter. Meret und Silvia haben sich endgültig zu Coya und Hanna umgedreht und verhandeln möglichen Sinn. Unter dem Neonlicht steht Schulzeit still in jenem ewigen Grau von Linoleumboden, kunststoffurnierten Tischen und Holzstühlen, die ihre abgestoßenen Metallfüße spreizen. Die süßliche Luft eines langen Vormittags liegt im Raum, der wie abgegessen daliegt mit den Krümeln und Papierchen vergangener Mühen und Lust. Lukas kommt vom Schulmeister zurück: »Mit dem ist es total einfach«, meldet er dem aufblickenden Johann. »Der sagt nur mach mal, und dann geht's.« Auf ein stummes Winken ziehen Lorenzo und Simon ans Pult. »Das ist eine gute Frage«, sagt der Schulmeister. Simon schaut verdutzt. Lorenzo lacht. Fortschritte sind kleine Schritte.

Dann versuchen sie es zusammen. Marie soll beginnen. »Ich habe es nicht verstanden.« – »Das kann nicht sein.« – Sie hebt an: »Von dort zog er in zwei Tagesmärschen von zusammen zehn Parasangen nach Thymbrion, einer belebten Stadt. Dort war neben der Straße eine Quelle, die Quelle des Midas hieß.« Marie stutzt. – »Theresa!« – »Eine Quelle, bei der Midas den Satyr gefangen haben soll.« – »Was heißt Oinos?« – »Wein«. Pause. Dann ein nächster Anlauf: »Nachdem er sie …« – »Wer ›sie‹?« – »die Quelle«. Marie starrt auf das vergilbte Büchlein vor sich. – »Er will den Satyr fangen, wie macht er das? Der Satyr gehört zu Dionysos. Er gießt also Wein in die Quelle, weil er den Satyr betrunken machen will.« Marie lächelt: »Bei der Midas den Satyr gefangen haben soll, nachdem er sie mit Wein vermischt hatte. Von dort zog er in zwei Tagesmärschen zu zehn Parasangen nach Tyriaeion, einer belebten Stadt. Dort blieb er drei Tage.« – Ärmel und Handballen wischen in kleinen Schreibamplituden über Papier und Tischflächen. Die nächste Klassenarbeit steht an. Man kann nie wissen, für was man diese Quelle noch braucht.

»Übrigens, Simon hat eben eine interessante Frage gestellt«, der Schulmeister hat einen Kurswechsel beschlossen. »Gehen Sie jetzt weg vom Text und setzen Sie sich ganz locker hin: Simon hat gefragt, warum steht das eigentlich da?«

Stühle rücken, Blicke sammeln sich nach vorn. Ein Pausenbrotpapier raschelt. Der Steuermann möchte etwas über die Haltung des Autors Xenophon wissen, deshalb fragt er seine Mannschaft nach Caesar. »Wie hat Caesar geguckt?« Die Antworten kommen selbstverständlich. – »Militärisch, sachlich«, sagt Axel, »strategisch«, sagt Benedikt. »Er sieht, wo man sich gut verschanzen kann«, sagt David. – »Und was sieht er nicht?« – »Blumen«, sagt Lorenzo. Meret sagt: »Caesar war verantwortlich. Xenophon war nicht verantwortlich.« Leeres Bildungsgut? Welche Rolle spielte der Athener Aristokrat Xenophon beim Militärputsch des Persers Kyros gegen seinen Bruder, den Großkönig? Das Ganze ungefähr zwei Generationen nach den Perserkriegen? Wie war das noch? Der Feldzug mußte schiefgehen, und nachdem alle Generäle ausgefallen waren, wählten die Soldaten Xenophon, damit er sie zurückbringe aus diesem riesigen fremden Großreich. Und Xenophon schreibt »Anabasis«, seinen exotischen Erlebnisbericht aus jenem Kleinasien voller Sagen. Mit seiner Armee zieht er heim durch Geschichten. »Songlines«, hätte Bruce Chatwin gesagt, Xenophon kreuzt mythische Traumpfade.

Aber es geht noch um etwas anderes: »Aus Caesars Text weht es immer eiskalt. Woher kommt das?«, fragt der Schulmeister. – »Er erwähnt ein Tal nur, weil es gefährlich ist durchzugehen«, sagt Marie. »Er zählt auf, wie viel Beute wer macht«, sagt Jörg. Der Schulmeister fährt mit dem Zeigefinger in die Luft, als erscheine da die Schrift: »Am Anfang waren es soundsoviele, und am Ende waren es 100000 weniger. Was mit ihnen passiert ist, erfahren wir nicht; auch das Elend der Frauen und Kinder fällt weg. Bei Xenophon spielt die Individualität eine große Rolle, wie hilft der eine dem andern, wie kommt man durch.« Dann geht es weiter, alter Kurs: »Seite 20, Coya bitte: ›Kyros aber‹... Haben Sie das?« – Coya beginnt: »Kyros aber brach von Sardes auf«. Sie zögert. Fragend hilft er weiter. »Was heißt ›echon‹?« – »Habend«, sagt Coya. – »Also?« – Coya versteht: »... mit denen, die ich erwähnt hatte, und er zog durch Lydien ...«

Sie sind 16 oder 17 Jahre alt und bilden mit 20 Schülern die Mischklasse 11 a/b/c des Tübinger Uhland-Gymnasiums. Seit der 5. Klasse lernen sie Latein, seit der 7. Klasse Englisch. Ende der 8. Klasse hätten sie sich für Französisch entscheiden können. Sie taten es nicht. Sie gehören zu einer bildungsradikalen verschwindenden Minderheit von Jugendlichen, die ausgerechnet Altgriechisch lernen, fünf Stunden die Woche mindestens drei Jahre lang; manche von ihnen werden das noch weitere zwei Jahre betreiben, bis zum Abitur. Sie lesen Platon und Homer im Original, die Vorsokratiker, griechische Tragödien. Sie spielen Fußball und Counterstrike, gehen in die Disco und in die Bratschenstunde, sie tragen No-Name-Produkte und die Kollektionen von Tommy Hilfiger und Miss Sixty. Es ist nicht wahr, daß sie keine Erfahrungen mit Alkohol oder Haschisch haben, plausibel ist vielmehr, daß sie dabei sind, Grenzen auszuloten. Sie kommen aus Haushalten mit nur einem Elternteil, aus Patchwork-Familien oder aus der heiligen Vielfalt von Vater, Mutter und einer siebenköpfigen Kinderschar. Sie möchten Hirnforscher werden und Sozialarbeiter, Physiotherapeutin oder Schauspielerin, einer will zum Rundfunk, eine andere in eine Tierarztpraxis, die eine schnupperte bei einer Casting-Gesellschaft, der andere in einer Kanzlei, gemeinsam ist, daß nur die wenigsten von ihnen genau wissen, was aus ihnen werden soll. Keiner der Klasse möchte Theologie studieren, keiner Archäologie, Fächer, für die sie das Graecum benötigen würden. Erstaunlicherweise haben sich die meisten gegen den Rat ihrer praktischen Eltern für Altgriechisch entschieden. »Das kannst du nicht brauchen«, war selbst von jenen zu hören, die einst ein humanistisches Gymnasium durchlaufen hatten. Oder anders herum: »Frankreich ist unser Nachbarland und ein Wirtschaftspartner, da mußt du dich später einmal unterhalten können.« Er aber, sagt Jonas, habe keine Lust darauf gehabt, daß das wieder losgehe wie in Englisch: »Ich heiße so und so, und wie heißt du?« Ihn habe die griechische Geschichte interessiert, die Kultur, die alten Sagen. Und nicht das Sich-Unterhalten. Klar, sagt dann Lukas, und Französisch lernen wir sowieso, das ist doch keine Frage, aber eben hinterher. In vier Wochen Volkshochschule, sagt Lorenzo. Dann lachen sie.

Griechischlernen heißt, noch einmal Lesen lernen. Die Buchstaben sind fremd. In der 9. Klasse beginnt die Alphabetisierung der Vierzehnjährigen als ein ABC, warum die Götter nützlich sind. Das sieht dann so aus : Di – o – ny – sos – de – to – oi – no – chai – rei. Dionysos erfreut sich am Wein. Her-mes – tus – xe – nus – a – gei. Hermes führt die Fremden. Und Pallas Athene lehrt die Weisheit der Worte. Und Apollon erzieht den Charakter und Aphrodite und Eros verfertigen das Begehren. Im Schnitt lesen die Schüler die griechischen Wörter nach zwei Wochen fließend, aber selten so fließend wie die lateinische Schrift. Das hat sein Gutes. Denn Griechischlernen heißt in einem grundsätzlichen Sinn Lesen lernen. Vielleicht zum ersten Mal. Es ist ein Sich-Einlassen darauf, ein uranfängliches Wort nicht zu verstehen. Es ist eine intellektuelle Ausfahrt mit der Zeitmaschine Text, Tausende von Jahren zurück.

»Hopos un esesthe andres axioi…« Aus dem Gemurmel schält sich ein Satz. Anselm: »Ich wünsche mir, daß ihr der Freiheit würdige Männer seid.« Peter: »Daß ihr euch der Freiheit würdig erweisen würdet…« »Hanna!« – »…die ihr besitzt und wegen der ich euch glücklich preise.« – »Anselm, würdest du nochmal so freundlich sein!« – »Ich wünsche mir, daß ihr euch als der Freiheit würdige Männer erweist, der Freiheit, die ihr besitzt und wegen der ich euch glücklich preise.« Übersetzen prägt Sätze. Und prägt Sätze ein. Sprachliche Varianten stimulieren Feinheiten des Denkens. Sie schärfen die Argumentation, machen Differenzen, also Grenzen bewußt. In den Fluren des Gymnasiums hängen Lieblingssätze, von den Schülern in griechischen Buchstaben und in der deutschen Übersetzung gemalt: »Eintagswesen! Was ist einer, was ist einer nicht? Eines Schattens Traum ist der Mensch! (Pindar)«, oder: »Die beste Art sich zu wehren: sich nicht anpassen (Marc Aurel)«, oder: »Eros: ein bitter-süßes, unbesiegbares Kriechtier (Sappho)«. Und zwischen den Anschlägen über Ferienkurse und Kuchenverkauf prangt auch die Maxime von Kazantzakis, dem Autor des modernen Helden Alexis Sorbas: »Ich erhoffe nichts, ich fürchte nichts. Ich bin frei.«

Die Notwendigkeit des Altgriechischunterrichts läßt sich nicht anders begründen als damit, einem sinnreichen Luxus Raum zu geben. Die Jugendlichen lernen in einer entscheidenden Phase ihrer Entwicklung etwas, das, wie sie wissen, sich einer direkten Verwertung entzieht. Diese Tatsache allein könnte eine Lebensweiche stellen.

Es ist wahr, keiner kann Sokrates mehr fragen, wie's ihm geht. Aber schön ist es, sich Sokrates im Supermarkt vorzustellen, wie er schulterzuckend sagt, was er alles nicht braucht. Und eine Sprache »tot« zu nennen, nur weil sie nicht mehr gesprochen wird, ist das Argument eines Analphabeten. Die Frische des Altgriechischen lebt in den Originaltexten, die zu entziffern sind. Die Logik dieser Schriftstücke bestimmt europäisches Denken und Anschauen des 21. Jahrhunderts, auch da, wo ein Bewußtsein dafür verlorengegangen ist. Und den Kundigen mögen die alten Konflikte weise Fragen und leise Kommentare sein auch zum modernen Geschehen.

»Dort blieb er dreißig Tage, und da kam Klearchos, der lakedaimonische Flüchtling...« – »Hört sich so harmlos an.« – Jörg macht einen zweiten Versuch: »...der spartanische Verbannte Klearch mit 1000 Hopliten und 800 Leichtbewaffneten und 200 kretischen Bogenschützen...« – »Meret!« – »Das Ende hab' ich nicht.« – »Benedikt!« – »Dort machte Kyros in dem Park eine Musterung und eine Zählung der Griechen...« – »Und jetzt machen Sie mal eine schöne Übersetzung!« – »...und insgesamt waren es 11 000 Hopliten und um die 2000 Leichtbewaffnete«. – »Das sind die Griechen«, erklärt der Lehrer. Auf Photokopien mit der Karte des Perserreichs um 500 v. Chr. suchen die Schüler Persepolis. Sie sehen Griechenland als ein mickriges Gekräusel im Westen gegen das mächtige Gebilde eines Großreichs, das sich unermeßlich im Osten dehnt .

»Wie beschreibt der athenische Aristokrat Xenophon den Perser Kyros, mit dem er ein Bündnis eingeht?« – »Westorientiert«, sagt Lisa mit dem Nietenhalsband, von Kopf bis Fuß schwarz, als sei sie getaucht. – »Aufgeklärt«, sagt Jonny neben ihr und trommelt über den Lack seines Motorradhelms auf dem Tisch.– »Demokratisch«, sagt Jörg. – »Demokratisch doch wohl nicht«, sagt Lukas, »es wird doch erzählt, wie Kyros den Verräter einfach im Zelt verschwinden läßt, ohne Prozeß und alles.« – »Wie wird das persische Großreich charakterisiert?«, lotet der Kapitän aus. »Unermeßlich groß«, sagt Lisa. – »Herden von Sklaven«, sagt Johann. – »Despotie des Großkönigs«, sagt Theresa. – »Wahnsinniges Militär, aber unmotiviert«, sagt Simon. – »Gegenseitige Bespitzelung«, sagt Axel. – »Was versucht also Xenophon mit der Beschreibung von Kyros? Und wie steht Xenophon, der

Autor, dann selbst da, bedenken Sie, das ist ein Athener Aristokrat, ein Schlachtenbummler, der beim Putsch gegen den persischen Großkönig durch dessen Bruder mitmacht, so etwa 2000 Kilometer von seiner Heimat entfernt.« Die Stimmen gehen durcheinander. Peter bringt es auf den Punkt: »Wenn Kyros westorientiert ist, wäre Xenophons Teilnahme am Krieg legitimiert.«

Johanna übersetzt, was Kyros zu seinen Soldaten sagt: »Seid euch bewußt …«, sie beugt ihren Schwanenhals über Xenophon und sondiert das Terrain, »seid euch wohl bewußt, …. seid euch im klaren, … daß ich die Freiheit gewählt habe«. – »Coya!« – »daß ich die Freiheit wohl vorzöge, gegen alles, was ich besitze, und noch viel mehr«. – »Johanna!« – »Seid euch wohl bewußt, daß ich die Freiheit allem, was ich besitze, und noch vielem anderen mehr vorziehen würde …« – Kurzes Innehalten: »Von welchem politischen System redet der denn?« – »Na, von der Demokratie«, sagt Axel. »Und welchen Rang bekommt dieses System in Xenophons Text, wenn es so ausgerechnet vom Bruder des persischen Großkönigs dargestellt wird?« Sie sind sich einig. Das Lob der Freiheit aus dem Mund des Persers ist gesteigertes Lob. Hinter der Rhetorik des Xenophon aber, auch das sehen sie, steckt die Rechtfertigung des Kriegszugs und die Möglichkeit einer Korrektur des gängigen Perserbildes. Einer Korrektur allerdings, die den westlichen Maßstäben verpflichtet bleibt. »Stimmen Sie mir zu, daß es in diesem Text um die Auseinandersetzung mit einer fremden Kultur geht?« Auf einmal sprechen sie vom Terroranschlag auf Bali, vom westlichen Tourismus auf einer kulturell und religiös ganz anders strukturierten Insel. Und sie fassen das Problem in

Thesen. Ohne den Tourismus könnten die Balinesen nicht leben. Oder sie könnten schon, aber nicht nach westlichen Maßstäben. Und im Raum bleibt die Frage, ob es an jeder schönsten Ecke der Erde ausreichend Wiener Schnitzel geben muß.

Neben den »echten Griechen« gibt es am Uhlandgymnasium noch die freiwillige Griechisch-AG, die immerhin gut dreißig Schüler umfaßt. Es sind ziemlich genau alle die, die Französisch gewählt haben. Sie treffen sich zweimal die Woche jeweils morgens vor offiziellem Schulbeginn um 7.00 Uhr zur Null-Stunde und das zwei Jahre lang. Grund für diesen heroisch zu nennenden Einsatz ist meist ein einziger: Die regelmäßige Teilnahme an der Griechisch-AG (die keinen Gebrauch des Aorist vermittelt, dafür aber Elementares zum Aufbau einer griechischen Säule) ist Voraussetzung, um an der Griechenlandfahrt teilzunehmen, die die Schule seit 25 Jahren für die Klasse 11 anbietet. Mit Bus und Fähre, Schlafsack und Gaskocher ziehen Schüler und Lehrer gemeinsam für drei Wochen durch das Land. Delphi, Olympia, Mykene, Epidauros, Meteora. Sie steigen auf den Parnaß und stehen vor Ikonen; sie greifen den Marmor an und berechnen das Tonnengewicht einer optisch gewichtslosen Decke. Sie grillen ein Lamm. In Athen geht man für drei Tage ins Hotel; sonst wird im Zelt geschlafen oder unter freiem Himmel am Strand, im Oliven-, im Orangenhain. Diese Griechenlandfahrt gilt für viele als Höhepunkt ihrer Gymnasialzeit; für manche und manchen mag sie der Ausschlag gewesen sein, gerade dieses Gymnasium zu wählen.

Donnerstag, zweiter Teil einer Doppelstunde. Der wöchentliche Vokabeltest ist geschrieben, die Bildung der liquiden Verben ist besprochen, ein Stück Xenophon gemeinsam übersetzt. Der Schulmeister teilt ein Gedicht aus: Durs Grünbein, »Krater des Duris«. – » Muß ich das jetzt verstanden haben?«, ruft Lorenzo nach dem ersten Überfliegen. – »Ne, du nicht«, sagt David.« – »Worum geht's ?« schreibt der Schulmeister an die Tafel. Und nun lesen sie den Text des Dresdner Lyrikers, Jahrgang 1962, mit der selbstverständlichen Aufmerksamkeit, mit der sie sich Xenophon, Athen, ca. 400 v. Chr., ansehen.

»Das Gedicht sieht aus wie ein Gefäß«, sagt Coya. Ja, Duris sei ein Vasenmaler gewesen. »Es geht um Odysseus«, sagt Lukas und zitiert: »›Dieser da der Kerl/ mit dem spitzen Bart, der/ listig Grinsende‹« – Ob es um sein Aussehen gehe? – »Schon«, sagt Lukas, »aber mehr um sein Verhalten, seinen Charakter, um sein Wesen.« Lorenzos Blick geht in die Weite. – »Lorenzo, denkst Du mit« – »Immer!« – » Das stimmt doch nicht! Also, was tut dieser Mann?«, der Kapitän kämpft mit dem Steuer, sein hoher Wellengang heißt Müdigkeit. Benedikt meldet sich: »Odysseus legt sich mit Aias an wegen der Rüstung: ›Ausgerechnet mit Aias um eine Rüstung viel zu schwer/ für ihn will er sich balgen‹.« – »Wo hatten wir das schon mal?« – »Philoktet«, sagt Peter. – Das Schiff wird ruhiger, die Konzentration steigt. »Und, ging es Odysseus um die Rüstung, Peter?« – »Nein, die ist ihm viel zu schwer.« – »Was ist das Verhaltensmuster?« – »Er sucht die Konfrontation«, sagt Anselm. – »Er provoziert«, sagt David. – »Er trickst aus«, sagt Simon. – »Weiß einer, wie es mit Aias ausgeht?« – »Er begeht Selbstmord, weil die Griechen nicht ihm die Waffen zusprechen«, sagt Johanna. – »Und um was geht es hier? Was ist das Wichtigste?« – »Das Schicksal«, sagt Meret. – »Odysseus ist ein Modell«, sagt Jonny. – »Was meint ›Tonsprung‹ im Gedicht: ›ein Tonsprung scheint's/ aus trojanischer Zeit (D. h. kurz bevor dieser Ruinenflüchtling/ eifrig das Rad des nächsten Jahrtausends Geschichte in Gang schob:/ Aeneas)‹?« – »›Tonsprung‹ meint Zeitsprung in die Gegenwart«, sagt Theresa. »Aber auch ein Sprung im Ton, in der Keramik«, sagt Coya. »Was meint ›Ruinenflüchtling‹?« – »Troja«, sagt Peter. – »Troja«, erklärt der Lehrer, »wird hier als Keimstätte Roms gesehen. Die Perspektive verschiebt sich nach Westen. Und was machen Sie damit: ›Als hätte er immer nur Streit/ gesucht süchtig nach Schwierigkeiten‹. Da steht ›hätte‹. Er hat nicht! Was ist das Problem? Was ist das ›Schicksal‹ des Odysseus?« Das Schiff hält den Kurs. – »Sein Wesen«, sagt Coya, und zitiert aus den Grünbein-Versen: »›Schicksal/ Ihr Lieben, ist wie ein Rausch-/ gift das lange vorhält. Im Grunde/ genügt schon ein einziger Schuß‹.« – Die Pause ist kurz. »Ethos andropo daimon«, sagt Theresa, »Heraklit«, sagt gleichzeitig David: »Das Wesen ist dem Menschen Schicksal. Sein So-Sein ist dem Menschen Schicksal.« Der Schulmeister lächelt. »Silvia!, ... ›eifrig das Rad des nächsten Jahrtausends Geschichte in Gang schob‹, wie klingt denn das?« – »Nach Daktylen«, sagt sie und versucht, den Kaugummi unauffällig aus dem Mund zu nehmen. »Könnten Sie das Ganze jetzt mal lesen?«

Sie nickt, sie kann:

Dieser da der Kerl
mit dem spitzen Bart der
listig Grinsende mit der Ferse
im Hinterhalt hellstirnig und beinah ein wenig
zu elegant war also Odysseus: ein Tonsprung scheint's
aus trojanischer Zeit. (D.h. kurz bevor dieser Ruinenflüchtling
eifrig das Rad des nächsten Jahrtausends Geschichte in Gang schob:
Aeneas.) Ausgerechnet mit Aias um eine Rüstung viel zu schwer
für ihn will er sich balgen. Nicht genug daß er der Sohn
eines Schurken ist: Sisyphos der ihm die Mutter aus
Rache beschlief muß er zu alldem noch zeigen wie
man den dümmsten Krieger im Handumdrehn zum
Platzen bringt. Als hätte er immer nur Streit
gesucht süchtig nach Schwierigkeiten
stößt er den Kopf vor: Schicksal
Ihr Lieben ist wie ein Rausch-
gift das lange vorhält. Im Grunde
genügt schon ein einziger Schuß.

Griechischlernen ist Luxus, wie Gedichtelesen Luxus ist. Wie Langsamkeit Luxus ist. (Denn freilich kann ein Schulmeister in einer Talkshow den ganzen Xenophon in einer halben Stunde abhandeln.) Auch das Stellen der alten, ungeklärten Fragen ist Luxus.

Es gibt bildungspolitische Tendenzen, das Schulfach Griechisch zu stärken. Wer Latein und Griechisch bis zum Abitur behält und neben der ersten Pflichtfremdsprache (meist Englisch) noch eine weitere moderne Sprache wählt (etwa Spanisch), dem stehen mit dem »Europäischen Abitur« alle Universitäten Europas prinzipiell offen. Andere Reformen aber machen das unpopuläre Fach noch etwas unpopulärer. Bislang hatte ein Schüler nach drei Jahren Altgriechisch automatisch das »Graecum« im Abschlußzeugnis ausgewiesen, was ihm bei Bewerbungen in manchen Vorstandsetagen zumindest den Exoten-Bonus von humanistischer Bildung brachte. Seit diesem Jahr muß für das Prädikat »Graecum« noch eigens eine Sprachprüfung abgelegt werden. Für den Unterricht bedeutet das mehr Grammatik, mehr Formenlehre und weniger das, was den Griechischunterricht als eine Schulung des Verstehens auszeichnete: Sprechen über die Perspektive eines Texts, Eröffnen von Gedankenfeldern.

Die Frage ist, ob dann noch Zeit dafür bleibt, daß Coya mit ihrem hüftlangen schwarzen Zopf vor der Klasse steht und ein lebhaftes Referat hält über ein antikes Relief (ausgegraben 1936 in Persepolis, jetzt in Teheran), das die zeremonielle Audienz beim Großkönig zeigt, und daß der nachdenkliche Jonas vom alten Persien spricht, da, wo heute Iran liegt, oder daß die unermüdlich zarte Theresa einen Vortrag hält über die Kleinasiatische Katastrophe und die Pontus-Griechen, die als Flüchtlinge vom Schwarzen Meer nach Griechenland kamen und ihre melancholische Rembetika-Musik mitbrachten. Und fraglich auch, ob Schulter an Schulter mit den Seinen der Schulmeister auf dem grauen Linoleum – unter dem für das unbesiegbare Kriechtier immer der Strand liegt – noch einige Sirtaki-Schritte tanzen kann.

Heilende Pfeile.
Bogenschießen in der Jugendpsychiatrie

Die Zeit würde sie gerne zurückdrehen können, sagt Christina. Sie sitzt im ärztlichen Besprechungszimmer, die Schultern leicht nach vorne gebeugt, eingewickelt in eine flaumhelle Kapuzenstrickjacke. Hinter nachlässig gekämmten Haaren, die über die Stirn fallen, reißt sie die braunen Augen auf, trotzig und scheu. Welche Zeit zurückdrehen? Die Zentralheizung summt wie ein ausgeleierter Kassettenrecorder. Die Zeit, als das angefangen hat. Im Blick des Mädchens schwimmen Psychopharmaka, Zyprexa gegen die Angst, Remergil gegen die Depression. Und stolze Verachtung. Möglich, daß sie jetzt überhaupt nichts mehr sagt. Aber dann sagt sie: Das mit dem Essen. Ich würde nicht mehr anfangen zu hungern. Der Ton ihrer Stimme signalisiert kalte Endgültigkeit, so als sei mit ihrer vor drei Sommern getroffenen Entscheidung ihr Leben in eine nicht mehr korrigierbare Bahn geraten. Neben ihr im Regal stehen schön geordnet die Zutaten für therapeutische Bastelarbeiten, Stifte, Papier, Kleber – Relikte anderer Gespräche. Sie will sehnlichst nach Hause, und sie weiß, daß sie nicht nach Hause kann. Zu Hause esse sie nicht. Der Satz kommt klar wie ein Gottesbeweis. In der Klinik, wo sie nicht bleiben will, darf sie die Mahlzeiten schon wieder ohne Begleitung zu sich nehmen, hier ißt sie. Christina ist 16 Jahre alt und seit vier Monaten zum zweiten Mal in der Tübinger Kinder- und Jugendpsychiatrie.

Ich muß mit meinen Problemen leben lernen, erklärt Sandro geläufig wie ein tapferer Manager seines Leids. Er schlendert in weiten, auf den Hüften sitzenden Jeans die Stufen des Klinikbergs hinunter und späht unauffällig nach weggeworfenen, noch rauchbaren Restkippen. Im Unterschied zu Christina, die vorübergehend keinen Ausgang hat, ist Sandro sein eigener Herr in der kostbaren Nachmittagsstunde zwischen Therapie und Abendessen. Unten zögert er vor dem Rot der Fußgängerampel und grinst verbindlich durch die schmalen Vierecke seiner Intellektuellenbrille. Die Probleme würden ja nicht verschwinden, er müsse eben lernen, mit ihnen umzugehen. Er wagt einen flirtenden Blick zur Seite. Zigaretten wären wirklich nicht schlecht. »ADS« habe er, und dann buchstabiert er, als setze er seinen exotischsten Trumpf: Auf-merk-sam-keits-de-fi-zit-syn-drom. Er nimmt Taxilan, ein Beruhigungsmittel. Sandro ist fünfzehn und seit einem knappen Jahr Patient in Tübingen.

Jonathan ist im Flur unterwegs. Er hat die Schultern zu einem Buckel hochgezogen, so daß sein Kopf schräg im Schatten einer Verkrampfung zu hängen scheint. Der Siebzehnjährige lebt seit vierzehn Monaten auf Station 3. Jonathan gibt keine Interviews, erklärt Sandro, der mit ihm das Zimmer teilt. Denn manchmal ist Sandro Jonathans Agent.

Jeden Mittwoch treffen sich Christina, Sandro und Jonathan kurz vor 16 Uhr auf dem Flur. Aus dem Stationszimmer kommen Michael und Harald. Zusammen steigt man hinauf unter das Dach. Gesprochen wird nicht viel. Christina trägt einen Bogen. Im Frühjahr 2000 hatte sie in der Klinik mit dem Schießen begonnen und sich schon nach einigen Stunden einen eigenen Bogen gewünscht. Das sei besser, man habe schließlich auch sein eigenes Fahrrad. Christinas Bogen lehnt in ihrem Zimmer neben dem Schrank. Wenn sie übers Wochenende nach Hause darf, nimmt sie ihn mit. Auf dem elterlichen Hof schießt sie gegen eine Scheune. Auch ihr Vater hat begonnen, mit Christinas Bogen zu schießen, ein Umstand, den Christinas Therapeuten nicht mit Begeisterung sehen.

Unter der Dachschräge der Klinik liegt die etwa fünfzehn Meter lange Sporthalle. Michael und Harald holen Bögen unterschiedlicher Spannkraft aus dem Schrank. Es gibt die kompakteren Sportbögen, leicht handhabbare Holz- und Kunststoffkonstruktionen, deren Bogenarme im Auslauf eine leichte Kurve nach außen beschreiben. Das macht sie schneller und treffsicherer. Und es gibt zwei schmale Langbögen in der traditionellen Holzbauweise, mit der schon die alten Ritter und Robin Hood geschossen haben. Keiner der Bögen hat eine aufmontierte Zielvorrichtung. Christina, Sandro und Jonathan nehmen die Köcher mit den befiederten bunten Pfeilen – Holzpfeile für die Langbögen, Aluminium- und Carbonpfeile für die Sportbögen – und stellen sie neben der Tür an das eine Hallenende. Dann geht Sandro zur gegenüberliegenden Hallenwand und zieht dort rituell das schwere grüne Pfeilfangtuch auseinander. Die Bühne ist eröffnet. Jonathan hat eine Art Staffelei als Schießstand plaziert, auf den er eine dicke Styroporplatte stellt. Harald befestigt eine runde Zielscheibe. Nun müssen die Bögen bespannt werden, denn zur Schonung werden Bögen nur mit gelösten Sehnen abgestellt.

Christina legt die untere Sehnenschlaufe, das Sehnenöhrchen, in die untere Kerbe, fixiert den Bogen mit dem linken Fuß und steigt mit dem rechten Bein so in ihren Bogen hinein, daß sie ihn mit der Hüfte halbiert. Nun stemmt sie sich gegen das Holz und zieht gleichzeitig mit dem Druck ihrer Hand den oberen Bogenarm zu sich heran, bis sich das Holz so weit biegt, daß sie auch das obere Sehnenöhrchen in die Kerbe an der Bogenspitze einhängen kann. Das erfordert nicht nur Geschicklichkeit, sondern auch Kraft. Ein Bogen kann widerspenstig sein wie eine Katze und dem Schützen leicht ins Gesicht springen.

Das Bespannen des Bogens ist eine archetypische Handlung. Sie zeigt Beherrschung und Inbesitznahme. Schon der heimkehrende Odysseus schlug die Schar der Freier aus dem Feld, weil nur er fähig war, seinen alten, beim Auszug nach Troja zurückgelassenen Bogen wieder zu bespannen. Christina, die manchmal die Kraft nicht hat, ist heute stark genug und schafft es alleine. Die andern haben ihre gerichteten Bögen schon auf die Sprungmatte neben das Trampolin gelegt. Sind die Vorbereitungen abgeschlossen, schiebt Harald eine CD in die Anlage. Die leise Musik macht aus einem Turnboden einen meditativen Raum. Christina, Sandro, Jonathan, Harald und Michael stellen sich zum Kreis zusammen. Und Harald beginnt, die seit Monaten vertrauten Imperative zu sprechen.

Wenn Michael Lindner heute im Kreis neben Harald Maier steht, kann es sein, daß er ein wenig stolz ist. Michael arbeitet seit über zehn Jahren als Fachkrankenpfleger in der Kinder- und Jugendpsychiatrie Tübingen. Als ihm 1995 sein Kijutsu- und Aikidolehrer einen Feldbogen in die Hand drückte, war auf einmal das verbotene Kinderglück vergessener Indianertage wieder da, die abenteuerlich gebastelten Flitzebögen aus Haselholz und Schnur. Und Michael erinnerte sich, daß er noch als Jugendlicher einen geliebten Sportbogen besessen hatte. Nun begann er, unter professioneller Anleitung an die verschwundenen Paradiese anzuknüpfen. Mit der neuen Erfahrung eines methodisch betriebenen Bogenschießens wuchs der Gedanke, daß hier eine unvermutete Ergänzung im Therapieangebot der Psychiatrie liegen könnte. Das war kühn. Immerhin ist ein Bogen eine Waffe. Und keine ungefährliche. Die Kollegen auf der Station zweifelten an der Zurechnungsfähigkeit ihres sonst soliden Mitarbeiters. Was sie ihm auch sagten. Was bringt ausgerechnet ein Bogen in der Hand von magersüchtigen Mädchen und aggressionsgestörten, suizidalen Jungen? Was sollen Borderlinepatienten am Schießstand? Nur zum Beispiel! Eine Psychiatrie sei doch kein Schützenverein! Aber Michael traute seinem Instinkt und leistete sanft Überzeugungsarbeit. Er legte »Zen in der Kunst des Bogenschießens« auf den Tisch und sprach vom Atmen, vom Standfinden, vom Zur-Ruhe-Kommen, vom Maximum an Spannung und Entspannung, die man schwerlich so nah beieinander finden und so zielgerichtet trainieren könne wie beim Bogenschießen. Und ab und an warf er einen chinesischen Vers in die kollegiale Kaffeerunde: »Wie ihr den Bogen spannt – so spannt auch eure Seele.«

In der Klinik arbeitete ein Körpertherapeut, der gerade seine Weiterbildung in Qi Gong, einer chinesischen Heilgymnastik, absolvierte. Harald Maier wurde aufmerksam. Schnell erkannte er, daß das Bogenschießen rein physiologisch eine positive Wirkung auf die Körperhaltung ausübt. Bei Wirbelsäulenproblemen könnte es sich als geradezu ideale Bewegungsübung erweisen. Zudem erwartete er, daß die individuelle Art, wie Patienten schießen, konkrete Rückschlüsse auf ihre psychische Verfassung erlauben würde. Phobien und Versagensängste, Orientierungslosigkeit und Konzentrationsprobleme könnten sich im Spiegel des Bogens zeigen und hier im kleinen zu verarbeiten sein. Michael Lindner und Harald Maier setzten sich zusammen. Beide wußten, daß sie Neuland betraten. Bislang gab es keine Erfahrungen mit dem Bogenschießen im psychiatrischen und psychotherapeutischen Bereich. Und sie entwickelten ein Konzept.

Gerade stehen, sagt Harald leise. Jetzt versucht jeder, bei sich zu bleiben. Der Kreis richtet sich auf. Kopf nach rechts legen. Und die Köpfe gehen auf die rechte Schulter. Kopf nach links legen. Und die Köpfe gehen nach links. Die Musik verspricht, daß alles gut ist.

Michael und Harald überzeugten den Pflegedienstleiter; der Klinikchef ließ sie gewähren. 1997 wurden mit Unterstützung eines Fördervereins die ersten Bögen und Pfeile gekauft; Köcher und verschiedene Ziele bastelten die Jugendlichen selbst. Heute ist das Bogenschießen ein fester Bestandteil im Therapieangebot. Auf beiden Jugendstationen gibt es Gruppen von Bogenschützen. Und wenn sich die Jugendlichen bei ihrem Körpertherapeuten eine Stunde wünschen dürfen, wählen die meisten das Bogenschießen als Einzeltherapie.

Hände auf den Rücken legen. Nun den Kopf wenden. Die Gesichter sehen nach rechts. Nach links. Nach oben. Nach unten. In der versöhnlich gezupften asiatischen Melodie tauchen Anklänge von Vogelgezwitscher auf. Eine gemeinsame Reise hat begonnen. Mit geschlossenen Augen steht die

Gruppe unterm Dach der schwäbischen Klinik wie in einem aufbrechenden Kirschblütenmärchen. Gemeinsam drehen sie die Oberkörper, kreisen mit den Schultern, atmen gleichmäßig. Sie halten eine imaginäre Schale in den Händen, heben sie bis zur Brust, drehen die Schale und öffnen die Arme. Sie heben ihre Arme wie Schwingen. Erst bis zu den Schultern, dann hoch zum Kopf. Sie kehren die Handflächen nach außen, lassen die Arme wieder sinken. Christinas Bewegungen sind grazil, schwebend. Sandros Arme greifen kraftvoller, aber mit den ihren völlig synchron. Jonathans Hände zittern unkontrolliert, aber seine Schultern haben sich entspannt. Es sind nur wenige Minuten vergangen, und doch kamen die gemeinsamen Gesten einer Initiation gleich. Wir legen die Hände auf den Bauch, sagt Harald, wir atmen mit geschlossenen Augen hinein. Die Gruppe ist eine Blume, die sich langsam entfaltet hat und nun wieder schließt. Dann geht man zu den Bögen.

Bogenschießen befriedigt einen Urinstinkt: Treffen. Das gelingt nicht ohne eine Portion Aggressivität. Es ist eine Herausforderung an die geistige Konzentration wie an die körperliche Kraft. Es ist ein ernstes Spiel mit einem Kinderziel, fraglos und klar: rund wie eine Scheibe, aufgeblasen wie ein Luftballon, fragil wie eine Kerzenflamme. Und eindeutig ist der Sieg: ein im Mittelrund zitterndes, befiedertes Holz, ein lautes Zerplatzen, ein flackerndes Dunkelwerden, wenn die im Docht getroffene Kerze erlischt. Im Rahmen des therapeutischen Bogenschießens ist dabei jede der kleinen Handlungen, jeder Schritt streng ritualisiert. Alles, was hier geschieht, geschieht langsam und ruhig. Pfeile und Bögen sind Kostbarkeiten. Sie müssen mit Sorgfalt behandelt werden. Sie erfordern eine Aufmerksamkeit, die wiederum auf die Bogenschützen zurückwirkt. In genau abgesteckten Grenzen wird für die Stunde des Schießens ein sozial behutsames, vielleicht geborgenes Miteinanderhandeln möglich.

Anfänger schießen zunächst unter Anleitung einzeln. In der Mittwochsgruppe von geübten Bogenschützen wird gemeinsam geschossen, in Paaren, zu dritt, am Ende gemeinsam in einer Reihe. Die Zahl der Pfeile, die jeder bekommt, ist vor jeder Einheit festgelegt. Meist werden drei oder fünf Pfeile vereinbart. Wer nicht schießt, bleibt bei den Schützen im vorderen Bereich der Halle, wo auch die Köcher stehen. Pfeile dürfen nur entnommen werden, wenn ein Betreuer dabeisteht. Das war von Anfang an abgemacht und hat sich mittlerweile wie eine Selbstverständlichkeit eingespielt. Christina setzt sich aufs Trampolin. Sandro und Jonathan beginnen. Drei, sagt Harald. Sandro und Jonathan greifen in die Köcher, nehmen je einen Pfeil heraus, fassen mit der linken Hand in die Griffschale des Bogens, stecken mit der rechten vorsichtig die Pfeilnocke auf die Sehne und legen dann den Pfeil auf den Pfeilhalter des Bogens. Nun fassen sie so in die Sehne, daß der Pfeil zwischen dem Zeigefinger und dem Mittel- und Ringfingerpaar liegt. Sie heben langsam den Bogen in einer ausgreifenden Bewegung und spannen ihn dabei durch. Ihre Bewegungen scheinen nur eine natürliche Verlängerung der vorausgegangenen Gymnastik- und Atemübungen zu sein. Der Pfeil liegt nun waagerecht etwa auf Mundhöhe, als sei er die Fortsetzung des Zugarms. Die Kraft, die sie jetzt halten, beträgt zwischen dreißig und vierzig Pfund.

Alle Anfänger fragen, wann sie loslassen sollen. Loslassen ist Schießen. Es gibt einen sensiblen Augenblick, in dem der Schütze die Kraft aufgebaut und das Ziel fixiert hat und in der Anspannung zur Ruhe gekommen ist. Idealerweise löst sich der Schuß gleichsam von selbst. Zu schnelles Loslassen oder zu langes Halten kann alles verderben. Schießt der Schütze, bevor er selbst ruhig ist, verwackelt der Pfeil. Hält er zu lange, beginnt der Arm zu zittern und die Sehne schlägt ihm gegen den Unterarm. Bogenschießen kann schmerzhaft sein. Wer möchte, trägt einen Fingerschutz, der vor Blasen bewahren soll, oder – vor allem, wenn er mit dem Langbogen schießt – einen Unterarmschutz, der blauen Flecken vorbeugt.

Jonathan öffnet zuerst die Finger, und während sein zischender Pfeil mit einem Knall einschlägt, hat Sandro die Sehne von den Fingerkuppen freigegeben; sein Pfeil landet mit einem schnellen Echo im Styropor. Die Pfeile zittern auf zwei äußeren Ringen. Mist, sagt Sandro. Jonathan sagt nichts. Er spannt erneut, fixiert die Scheibe und steht nun sehr gerade. Auch seinen zweiten Pfeil schießt Jonathan schnell. Diesmal hält Sandro länger und trifft, anders als Jonathan, näher ans Zentrum. Man schweigt. Beide legen ihren dritten Pfeil ein. Sandro wartet bewußt, bis Jonathan geschossen hat. Sein Pfeil trifft die Scheibe nicht. Sandro spannt, hält, läßt los. Und trifft auch nicht gut. Er zischt eine Verwünschung und schlurft demonstrativ zur Styroporplatte, Jonathan folgt ihm zur Seite, behutsam auftretend. Sie lösen die sechs Pfeile heraus, indem sie nach und nach jeden Pfeil zwischen zwei Fingern der aufgelegten Hand fixieren und mit der anderen Hand drehend ziehen. Und tragen sie zurück zum Köcher.

Christina schießt mit Michael, der einen Langbogen genommen hat. Sie legen die Pfeile ein und spannen. Wie es damals im Sommer 1999 angefangen hat, würde Christina schwer sagen können. Sie hatte keine Lust mehr, etwas mit Freunden zu unternehmen. Sie blieb zu Hause, fand sich zu dick und erledigte in geschäftiger Besessenheit alle Hausarbeit, um Kalorien zu verbrauchen. Im März war ihre beste Freundin Daria, die von klein auf im Dorf gewohnt hatte, nach Kroatien zurückgeschickt worden. Christina war wieder allein, mit den Eltern, den beiden Brüdern und den Großeltern in der Einliegerwohnung auf dem ehemaligen Hof außerhalb eines winzigen Dorfes auf der Schwäbischen Alb, jenem dünnbesiedelten Mittelgebirge, das vor den Versuchen, die Gegend touristisch zu erschließen, auch ehrlichkeitshalber »Rauhe Alb« hieß. Hier gibt es vor allem Steine, und das Klima ist um gut zehn Grad kälter als im Tübinger Neckartal. Christina erinnert sich an die Kühe und Schweine, die es gab, bevor der Vater die Landwirtschaft hatte aufgeben müssen. Jetzt sind noch die Katzen Felix und Miki da und der Zwerghase Maxi.

Christina ist das Mädchen in der Mitte zwischen einem kleinen und einem großen Bruder. Sie kann heute sagen, daß sie sich getäuscht hat, daß die Mutter die Buben nicht lieber hat als sie. Aber sie weiß nicht, warum es zu Hause nicht mehr geht. Ich kann mich nicht lösen, sagt sie formelhaft, als habe sie den Satz auswendig lernen müssen.

Jetzt steht sie neben Michael und hält den Bogen durchgespannt. Die Sehne liegt hinter ihrem Auge als ein Schatten. Sie fixiert das Ziel und läßt los. Zwei Pfeile zittern nebeneinander auf dem ersten Ring. Das ist im Augenblick die ganze sichere und glücklich getroffene Wirklichkeit.

Für die nächste Runde werden zwei grüne Luftballons an

die Zielscheibe geheftet. Welchen nimmst du, fragt Sandro. Jonathan zuckt mit den Schultern. Also, ich nehme den, den ich treffe, grinst Sandro. Rechts, sagt Jonathan. Okay, sagt Sandro, du rechts, ich links.

Sandro meint, seinen Vater suchen zu müssen. Der sollte doch wissen, was mit ihm los sei. Als sein Vater die Familie verließ, war Sandro zwei, sein großer Bruder vier; seine Mutter neunzehn. Der Mann, der nach dem Vater kam, prügelte zwar auch, aber er interessierte sich zumindest für die Kinder, was ihm Sandro höher anrechnet als die Schläge. Als Sandro acht war, kam ein neuer Bruder, klein und süß und nun vom richtigen Mann. Eigentlich war Sandro ein guter Schüler gewesen. In den ersten beiden Klassen der Realschule gehörte er zu den Besten und kam mit Belobigungen nach Hause. Dann muß sich etwas geändert haben, denn schon die 8. Klasse mußte Sandro wiederholen. Druck von den Mitschülern, sagt er, dauernd Prügeleien, Machtkämpfe. Man habe ihn zwingen wollen, Drogen zu nehmen, und der neue Klassenlehrer habe nur zugeschaut und nichts unternommen. Und zu Hause schlug der Stiefvater immer öfter.

Sandro haut ab, kommt für eine Nacht bei seinem Freund Ibrahim im Asylantenheim unter, die zweite Nacht bei seiner damaligen Freundin. Mit ihr zusammen geht er aufs Jugendamt. Aber er wird zurück in die Familie geschickt. Nach zwei Tagen läuft er wieder davon. Die Eltern verstehen nicht warum; er wiederum hat das Gefühl, alles nur falsch zu machen. Als seine Mutter ihn auf der Straße findet, drischt sie auf ihn ein. Er rührt sich nicht: lähmende Minderwertigkeitsgefühle. Der Druck in der Schule wächst. Sandro gerät in Prügeleien und wird beim pädagogischen Strafdienst in einer Elektrofirma des Diebstahls bezichtigt. Er kann sich nicht wehren, weil er sich vor der Rache des eigentlichen Täters fürchtet. Daß nun seine Fingerabdrücke bei der Polizei registriert sind, beschämt und bedrückt ihn. In die Schule traut er sich nicht mehr. Irgendwann versucht er, mit einer Rasierklinge seinem Leben ein Ende zu machen. Das Jugendamt greift ein. Vor die Entscheidung gestellt, ziehen die Eltern für ihn den stationären Aufenthalt in der Psychiatrie einer ambulanten Behandlung vor. Sandro kommt nach Tübingen. Es sei wie im Knast gewesen. Am Anfang habe er die Tage gezählt, sagt er. Er kam bis 171.

Wenn Sandro auf seine Kindheit zurückschaut, erinnert er sich an Enttäuschungen. Einmal nur sei die Familie in das Heimatdorf seiner Mutter gefahren im ehemaligen Jugoslawien an der ungarischen Grenze. Das sei schön gewesen. Als die Großmutter ihn gesehen habe, hätte sie geweint.

Es knallt, wie nur ein zerplatzender Luftballon knallt. Sandro hat getroffen. Es knallt nicht, aber der Luftballon wackelt. Jonathans Pfeil hat die Haut berührt. Beim nächsten Schuß treffen beide weit daneben. Diesmal habe ich dir gewünscht, daß du triffst, sagt Sandro, aber nur einmal. Jonathan schaut ihn an.

Ein Klinisches Jugendheim ist das Gegenteil von Freiheit. Aber ein fliegender Pfeil ist das Gegenteil von Eingesperrtsein. Ein Bogenschütze spannt mit dem Bogen sich selbst und gibt sich frei, wenn er die Sehne im richtigen Moment löst. Jenseits der sportlichen Qualifikation, dem Treffenkönnen, haftet diesem Schießen auch noch auf dem sauberen Laminatboden des Hospitals ein Spurenelement von kultischem Geschehen an. Der Kunst des Bogenschießens, so die alten Zen-Meister, liege eine geistige Übung zugrunde, bei der der

Schütze im Grunde auf sich selbst ziele und dabei vielleicht erreiche, daß er sich selbst trifft.

Jonathan spielt auch Schach. Der Gymnasiast, Lieblingsfach Mathematik, darf während der stationären Therapie im Unterschied zu Sandro keine öffentliche Schule besuchen. Er erhält Einzel-, manchmal Gruppenunterricht in der Klinik. Jonathan kommt aus der Nähe von Stuttgart. Sein Vater ist Professor an einer Fachhochschule, seine Mutter Lehrerin. Das Wort Depression ist Jonathan peinlich. Er nimmt es nur, weil man es hier so gebraucht wie ein Passepartout. Irgendwann hatte er keine Lust mehr, etwas mit Freunden zu unternehmen. Wem soll er das erklären? Den Bogen habe er nie als Waffe gesehen. Aber diese Sekunden seien ein wahnsinniges Gefühl, diese Sekunden der absoluten Konzentration, bevor man losläßt. Alles andere rücke dann in den Hintergrund. Ja, und das Treffen, natürlich, wenn man treffe, freue man sich schon.

Michael hängt das Pendel mit der Strohscheibe an die Decke und stößt es an, so daß es etwa drei Meter ausschwingt. Christina, Sandro und Jonathan zielen. Der Moment des Loslassens ist nun von außen bestimmt. Christina trifft alle drei Pfeile in die Mitte, Sandro zwei, Jonathan keinen. Michael und Harald schießen. Michael trifft zumindest die Scheibe, Harald trifft Stroh. Auch die nächsten Schüsse bleibt Michael im inneren Bezirk der Kreise; Harald trifft nur einmal den äußeren Ring. Jonathan sieht zu Harald hinüber.

Jetzt nochmal mit Luftballons, sagt Michael und heftet fünf Luftballons an die Zeilscheibe auf der Staffelei. Für jeden einen. Die Schützen stehen in einer Reihe. Michael beginnt und trifft nicht. Christina auch nicht. Ein Ballon zerplatzt; Jonathan läßt seinen Bogen sinken. Na also, sagt Sandro.

Und spannt. Aber er trifft nicht. Harald auch nicht. Michael spannt, der rote Ballon zittert nur neben seinem Pfeil. Christina spannt, ihr Pfeil schlägt parallel zu Michaels Pfeil ein, so daß der Luftballon festgeklemmt ist. Jonathan zerschießt den weißen Ballon; locker hält er den Bogen mit der rechten Hand. Na hör mal, sagt Sandro, laß mir auch noch einen. Jetzt trifft Harald den mit zwei Pfeilen fixierten Ballon. Nur noch einer schaukelt blau. Aus der Reihe der Schützen sausen fünf Pfeile Schlag auf Schlag, aber der himmelblaue Ballon hüpft nur, vom Luftstrom geschüttelt.

Als Abschiedszeremoniell wird synchron geschossen. Jetzt geht es nicht mehr ums Treffen. Harald gibt das Kommando: Spannen. Sie atmen, sie heben die Bögen, sie ziehen die Sehnen, sie halten, sie fixieren die Scheibe. Sie stehen, in ihre Bögen gespannt, selbst flugbereite Pfeile ihrer Sehnen. Sie lassen los. Glück ist eine Kadenz möglichst dicht nacheinander einschlagender Pfeile. Großes Glück ist, wenn man weniger Einschläge hört, als Pfeile fliegen. Beim zweiten Mal sind Michael und Christina auf die Sekunde synchron. Beim dritten Mal durchbricht ein Zerplatzen die schnelle Kaskade. Jetzt putzt der sie weg wie Pudding, schreit Sandro. Jonathan lächelt. Auf dem Boden liegen himmelblaue Fetzchen.

Gemeinsam gehen sie zur Scheibe, um ihre Pfeile zu holen. Beim Zurückgehen sortieren sie miteinander, Holz zu Holz in die einen Hände, Aluminium zu Aluminium in die anderen. Geordnet kommen die Pfeile wieder in die Köcher. Es wird gefegt, die Ziele aufgeräumt, der grüne Vorhang zugeschoben. Gemeinsam spannen sie die Bögen ab und legen sie wieder in die Schränke. Nur Christina schlüpft in den ihren wie unter den Flügel eines fragilen Insekts.

III. Gemälde sehen

Der Hirte spricht
Giotto (1266–1337)

Schau diese Engel da oben überm Dach des hölzernen Unterstands, wie sie aufsteigen, fliegen um den schönen grauen Fels. Oder ist es kein Fels, nur ein Tuch, das die Engel aufspannen für die Szene eines frommen Spiels? Die Geburt Christi! Dargestellt für die Gläubigen, die schauen wie wir. Wir sind die Hirten. Wir stehen etwas abseits, am rechten Rand des Bildes. Hirten gehören zum Wunder. Sie sind die ersten, die kommen mit den Schafen. Siehst du die Schafe? Es sind fünf und ein Lamm. Er hat sie sehr genau gemalt. Die Haltung ihrer Köpfe, die Wellen im Fell. Ihre Augen. Eine kleine, sich wärmende Herde. Behütet. Drei haben geschwungene Hörner, zwei haben keine. Siehst du, daß es eine Verwandtschaft gibt zwischen der Gruppe der Engel und der Gruppe der Schafe? Jeweils drei sind sich ähnlich (drei Engel steigen auf ins Blau; drei Schafe haben Hörner), und zwei unter ihnen sind anders (ein Engel schaut hinunter auf die Geburt, ein Schaf sieht nach hinten zu dem Kleinen; der Engel rechts fliegt in der Richtung der drei aufsteigenden, aber er wendet sich nach unten; ein Schaf, das ausgerichtet liegt wie die gehörnten Schafe, hat keine Hörner). Warum ich so genau von den Schafen spreche? Ich, der Hirte am Bildrand rechts, der mit dem hellen Mantel. Weil mir die Schafe wichtig sind. Weil ihm die Schafe wichtig waren, ihm, unserem Maler:

Giotto di Bondone. Sohn eines Schmieds, geboren um 1266 in der Nähe von Florenz.

Man erzählt sich, als Kind habe er Schafe gehütet. Und der große Maler Cimabue sei des Wegs gekommen und habe ihn gesehen, wie er da am Wiesenrand saß und auf einen Stein Schafe malte. Da habe Cimabue den Knaben zu sich in die Werkstatt genommen. Er lernte bei ihm. Eines Tages habe er auf ein Bild seines Meisters eine Fliege gemalt. Und der Meister kam und versuchte, die Fliege zu verscheuchen. Da verbeugte er sich vor seinem Schüler und sagte: Nun bist du der bessere Maler. So erzählt man es sich.

Die Kirchenfürsten in Florenz wurden auf den Jungen aufmerksam. Sie gaben ihm Aufträge, bald rief man ihn nach Rom. Und als der Papst Proben von ihm sehen wollte, habe Giotto nur einen Kreis gemalt, einfach aus der Hand, einen Kreis! Der war so perfekt, wie er besser mit keinem Zirkel hätte ausgeführt werden können. Ein Wunderkind, ein Messias der Kunst.

Mit ihm begann eine neue Malerei. Die Perspektive reizte ihn. Siehst du, wie er den Unterstand gemalt hat? Auch sein Meister Cimabue versuchte, in der Darstellung von Häusern, Plätzen eine Raumwirkung zu erzielen. Aber seine Figuren beließ er auf goldenem Grund, wie bei den griechischen Ikonen. Auf einer flachen Leinwand Raum zu erfinden ist nicht einfach. Auch deswegen stehe ich da. Mit meinen umwickelten Stiefeln und guten Waden. Ich bin der helle Rücken vorne. Meinen Kollegen, etwas hinter mir, hat der Maler leicht gedreht, schmaler gemacht, und ihm ein dunkleres Gewand gegeben. Damit er nicht so breit nach vorne leuchtet. Mit den Tieren hat er es ebenso gemacht. Dort, die dunkle Ziege mit den Hörnern und dem Ziegenbart. Das ist doch fast ein Scherenschnitt. Die dunklere Farbe drückt sie nach hinten, hinter die hellen Schafe. Und auch hinter mich. So entsteht die Täuschung von Tiefe. Giotto spielte mit der Raumwirkung von Farben. Seine Farben waren klar, transparent, lebendig, voll Licht; als Malmittel nahm er Feigenmilch und den Dotter vom Ei.

Siehst du sein Blau? Mit so viel Blau hat vor ihm keiner gemalt. Das war zu teuer! Als er aber von dem reichen Enrico Scrovegni, einem Kaufmann und Bankier, den Großauftrag bekam, die Wände der Familienkapelle in Padua mit Fresken auszugestalten, da spielte Geld keine Rolle mehr. Und Giotto nahm das beste Blau, das er bekommen konnte, das tiefblaue Pigment eines gestoßenen Edelsteins: Lapislazuli, ein Blau aus den Bergen Afghanistans, sagt man, ein Blau, das über das Meer kam. Deshalb hieß es Ultramarin.

Mit dem Blau der Arena-Kapelle von Padua begann die Geschichte der blauen Ferne. Da, wo früher auf Bildern nur goldener Hintergrund war, erstreckten sich bald Landschaften. Die Maler der Renaissance übertrafen sich mit den Schönheiten des blauen Horizonts. Aber das Wunder ihrer neuen Perspektiven nimmt mit Giotto in Padua seinen Anfang: gemalt zwischen 1303 und 1306, Fresko an Fresko, 38 Szenen, Bühnenbilder aus dem Leben Christi, dem Leben von Maria und ihren Eltern Anna und Joachim. Das Bild, auf dem ich Hirte bin, ist 2,00 auf 1,85 Meter groß. Wir erscheinen lebensecht, wie du, wenn du das Bild anschaust.

Dies ist ein Bild der Blicke. Ich, der Hirte, hüte das Schauen. Siehst du, wie ich den Kopf in den Nacken lege? (Und der Maler hütet uns; wir sind ein Reigen.) Ich schaue in das Bild hinein, hinauf zu den Engeln, die weiter hinaufsehen in das transparente Ultramarin, das sie erhebt. Der in der Mitte sieht zum Wunder, und der rechts sieht auf uns. Die Schafe sehen freundlich herum in alle Richtungen; eines sieht zu dir und holt dich ins Bild hinein. Jetzt stehst du mit uns an der Krippe.

Aber ist das eine Krippe? Ein lichter Unterstand, in dem Maria wie schwebend daliegt, eine geschmeidig-schöne Frau in ihrem roten Kleid mit dem himmelblauen leichten Mantel. Die Mitte des Bildes ist seltsam leer, nur ein Spiel von Körper und Stoffen. Denn das Zentrum des Schauens liegt am Rand, uns gegenüber auf der linken Seite des Bildes. Maria sieht auf ihr Kind, und das Kind sieht zurück. Ein ernster Wechselblick. Eine helfende Frau ist noch dabei und eine aufmerksame Kuh. In der Bibel kommt die helfende Frau nicht vor; aber es braucht sie bei einer Geburt, deshalb hat Giotto sie gemalt. Er hatte einen Sinn für das kleine Leben. Er kannte das Fell der Schafe wie die Falten des Wickeltuchs. Nur ist dieses Kind kein Neugeborenes mehr. Es hebt den Kopf und sieht ruhig seine Mutter an, die liebend und ruhig zurücksieht. Sie hält den Körper des Kindes mit beiden Händen, auch die helfende Frau stützt den gewickelten Leib, so daß er in einer menschlichen Wiege liegt. Welch intime Frauenszene, siehst du das? Ein Moment der Sorgfalt, der Zärtlichkeit. Aber die Trauer ist schon dabei. Alle Anwesenden wissen um das Schicksal dieses Kindes. Giotto hat eine Szene aus der Bibel gemalt. Aber er hat auch einen Augenblick aus unserm Leben gemalt: Ein Kind ist geboren, das sterben wird.

Alle seine Bilder kreisen um religiöse Themen; die Kirche hat ihn bezahlt. Was wissen wir Hirten, was er vom ewigen Paradies wußte! Von der Endlichkeit wußte er genug (erfolgreicher Geschäftsmann, Investitionen in Webstühle, Immobilien; sieben Kinder, die überlebten). Er hat ein furchtbares Fegefeuer gemalt, hier in der Kapelle. Und ein Sinnbild der Verzweiflung: eine Frau, die sich eben erhängen will. Frühe Besucher der Kapelle haben das Gesicht der Unseligen ausgekratzt, weil sie es nicht ertrugen.

Und dann ist da noch Joseph. Er sitzt ganz vorne, zentral im Bild und doch ein wenig so, als gehöre er nicht ganz dazu. Er ist der einzige hier, der nicht schaut. (Und ein wenig entspricht ihm der Esel, der seinen Kopf wegdreht in das Dunkel seiner Futterkrippe.) Joseph scheint zu träumen. Ein wenig erinnert er an den Joseph des Alten Testaments, der in Träumen sein Schicksal erfuhr. Und doch ist es der Joseph des Neuen Testaments, dem träumte, er müsse das neugeborene Kind, den König der Juden, vor Herodes schützen und deshalb mit ihm nach Ägypten fliehen. Aber, sag, erinnert dieser Joseph, sein Gesicht, nicht auch an deinen Nachbarn, der manchmal, den Kopf in die Hand gestützt, über sein Leben nachsinnt, ein wenig melancholisch? Und erinnert dich dieser Joseph nicht auch an dich?

Giotto hat uns ernst genommen. Unser seltsames Menschsein im Schatten der Engel. Über siebenhundert Jahre später noch kommen Besucher aus der ganzen Welt nach Padua in die Arena-Kapelle. Sie müssen lange anstehen und warten; dann dürfen sie für wenige Minuten zu uns hinein in das ausgemalte Tonnengewölbe. Und schauen: das Wunder der Gottesgeburt und all diese anderen unglaublichen Szenen, das Wunder des Glaubens und der Malerei. Und manche geraten dabei ins Staunen über das in Giottos Fresken gespiegelte Geschenk ihres Daseins.

Gewalt und Gefieder
Peter Paul Rubens (1577–1640)

Sitzt hier eine Puppe oder eine Königin? Oder eine Elfe, die sich uns gleich entziehen wird? So lang kann kein Hals sein. Was für ein wundersam geköpftes Geschöpf! Das Haupt scheint aufsteigen zu wollen, luftig präsentiert auf dem Spitzenteller einer ausladenden Halskrause. Und das Wesen lächelt. Fast.

Oder lächelt es fast nicht?

Dabei ist dieser helle Kopf doch überdeutlich eingefügt in eine lastende Strenge. Das Ritual der schwarzen spanischen Hofmode wird bedacht; die wattierten, mit Silber- und Goldfäden umwickelten Ärmel geben der Erscheinung etwas schuppig Gepanzertes, ein wenig vom Charme eines weiblichen Ritters. Thronartig umfaßt der Sessel die Figur und ist wiederum eingefügt in eine Architektur, die, gleich einer inneren Rahmung im Raum, das schillernde Aufscheinen des Wesens hält. Von der Decke links weht ein Tuch in den heraldischen Geschlechterfarben, die sich als ein Schmelz von Macht und Bedeutung über das ganze Bild legen. Ein besonderes Menscheninsekt wurde hier in malerischen Bernstein gelegt.

»Sie soll sich auf die Mitte des Stuhles setzen (...), den linken Arm gestreckt auf die Lehne legen, den rechten Ellenbogen aufstützen, den Unterarm etwas einbiegen, in der rechten Hand Taschentuch oder Fächer, im Winter den Muff halten.« Zu verhindern sei, »daß der Reifrock sich hebt und vielleicht gar die Schuhe zu sehen wären. Sie soll die Augen nicht umherschweifen lassen, sonst würde sie nicht für eine weise und wertvolle, sondern für eine eitle Person gehalten werden«. Der Tanzmeister Fabritio Caroso gab in »Nobiltà di Dame« (Venedig, 1600) detaillierte Anweisungen: »Wie eine Dame sitzen soll, sei es auf einem Ball oder auch da, wo kein Ball stattfindet.« Offensichtlich wurde nach diesen Vorgaben auch gemalt.

Sichere Formen also. Eine junge Frau aus dem Hochadel der Republik Genua wird monumentalisiert. In ihrem Bild zeigt sich Herrschaftsanspruch, royales Bühnentheater: Marchesa Veronica Spinola Doria.

Und Marmorbilder stehn und sehn mich an: Was hat man dir, du armes Kind –

Was heißt denn »getan«?

Eine Auftragsarbeit. Der Vater, Ambrosio Spinola, ein spanischer Grande, Heerführer in den südlichen Niederlanden, mag das Portrait seiner knapp zwanzigjährigen Tochter um 1606 beim jungen Rubens bestellt haben. Vielleicht entstand das Gemälde auch auf Wunsch des Bräutigams Giancarlo aus dem Dogengeschlecht der Doria, den Rubens kurz zuvor gemalt hatte: forsch auf dem Rücken eines hochstürmenden, frauenlockigen Schimmel-Ungetüms, zeigt sich der kommende Herrscher mit melancholischem Blick.

Und jetzt also die Inszenierung der mädchenhaften Braut. Weiß ein Maler, was er tut? (Gibt es unter jedem Auftrag nicht einen zweiten Malgrund?)

Das Bild der jungen Marchesa gehorcht der strengen Mittelachsen-Symmetrie, doch ist sie so weit unterlaufen, daß sie als Prinzip gerade noch erkennbar ist. Was dem Bild Lebendigkeit geben mag, könnte es auch ins Kippen bringen. Das Modell sitzt nicht ganz unter dem Scheitel des Bogens, der mit der Halskrause einen Kreis zitieren könnte, es aber knapp nicht tut. Die Schließen des Kleides weichen von der Taille an nach rechts ab. Fast nachlässig, ja gleichgültig hängt die geknotete Perlenkette links herunter, was doch erstaunt, denn ein gemaltes Portrait ist kein Schnappschuß, bei dem eine Schlampigkeit leicht unbemerkt ins Bild kommt. Der Sessel, den der Rundbogen überwölbt, steht nicht mittig, und wenn man die Flucht seiner Armlehnen verfolgt, könnte einem schwindelig werden, so schief ist er. Und als ob der Störungen in der Bildordnung nicht genug wären, ist die Marchesa auf der Sitzfläche in einer leichten Drehung knapp zur Seite gerutscht. So hat neben ihr oben auf der Lehne der Papagei Platz.

Wir kennen den Vogel. (Um Originalität ging es nicht auf so einem Bild.) Ein Tier des Luxus, der Exotik, der Erotik auch. Ein Bild der Liebesgefangenschaft vielleicht. Da sitzt er und nagt am thronartigen Möbel. Ein großes Tier. Weder hat die Marchesa Angst vor ihm, noch muß sie sich um ihn kümmern. Auch er scheint sie nicht eigens zu beachten. Wie selbstverständlich haust er in der Höhe ihrer Schulter.

Bei allem verbindenden Sfumato fällt doch auf, daß er ihre Farben trägt. Das Rot der Nelke in ihrem Haar erscheint entsprechend an seinem Flügel. Die Farbe ihrer feinen, gedrehten Locken an seinem Kopfgefieder; wie sie trägt er ein schwarzes Kleid.

Ein Alter ego? Sitzen hier zwei Vögel?

Im überdimensionierten Kragenteller über dem Schwarz des Kleides herrscht großes Gefieder. Und in Fallhöhe unter dem Papagei, als wollte der Vogel mit seinem Schnabel darauf hinweisen, öffnet sich ein ungeheurer Flügel. Fast hätten wir es übersehen, dieses farblich dezente, aber doch leise flammende, unruhige, goldentransparente Innenfutter, das aus dem gespaltenen, viel zu langen Ärmel der Marchesa quillt. Schwerelos bauscht es sich auf. Ebenso dramatisch wie unmotiviert. Exzentrisch, unerwartet in seiner Fülle neben der Zurückhaltung des schwarzen Kleids. Auch im rechten Ärmel bahnt sich Bewegung an.

Der Fächer in der Hand sagt: Flugbereit.

Zwei Vögel und zwei Gefangene?

Der Papagei scheint sich im Raum frei bewegen zu können; jedenfalls ist kein Fußring, keine Kette zu sehen. Wenn man sie sucht, bekommt die so schräg herabhängende Perlenkette der Marchesa auf einmal einen zwielichtigen Glanz. Auch den gleichmäßigen Schließen auf dem Schwarz des Kleides haftet nun etwas Beklemmendes an. Die Marchesa scheint eingeschlossen zu sein. Und knochenhaft, ja skelettartig folgen die blassen Musterlinien der funktionalen Schmuckstücke ihren Körperlinien.

Und jetzt ist das Schwarz da.

Nicht als Kleid, sondern als Fläche. Plan, schattenlos und ohne Glanz. Ein Scherenschnitt. Das Schwarz füllt gut ein Drittel des Bildes aus. Es ist der paradoxe Abgrund hinter dem rosigen Hell von Gesicht und Händen. Ein schieres Nichts. Wurde das Kleid von Rubens gemalt?

Rubens entwarf seine Bilder in sorgfältigen Ölskizzen. Viele seiner Gemälde verfertigte er nicht selbst, sondern ließ sie nach Vorlagen ausführen. Am Ende unterhielt er Manufakturen. Manchmal setzte er noch letzte Akzente, Korrekturen, da und dort einen Pinselstrich. Unwahrscheinlich bei einem Werk des erst 30-Jährigen, aber doch möglich, daß er hier nur die Partien von Gesicht und Händen malte und den Rest abgab. Aber selbst der lausigste Schüler hätte einige Falten, ein wenig Konturen auf den Fall des Kleides legen müssen. Doch das von links oben einfallende Licht trifft in diesem Schwarz auf keinen Widerstand, sondern versinkt.

Der Maler, der für die Darstellung weiblichen Fleischs berühmt werden sollte, scheint einen Grund gehabt zu haben, hier einen Körper nicht zu malen. (Sehen wir ihn jetzt zwischen dem melancholischen Bräutigam und der noch kindlichen Braut?)

Dieses Kleid ist eine Verweigerung. Es zeigt geschlitzte Öffnungen, Blenden von Schließen die Arme entlang, den Oberkörper hinunter, den Ort der Scham betonend, bis zum Saum. Darunter könnte Fleisch liegen. Wenn da Stoff wäre, der es verhüllte. Die Marchesa aber bleibt körperlos. Sie trägt kein Kleid. Ihr Blick, ihre Hände tragen ein Bild, gegen das sie sich zugleich wehrt.

Oder auch anders:

Kannte der Maler, kannte sein Modell die Schaubuden auf den Jahrmärkten, die Wände mit den lebensecht aufgemalten Kostümen, grandiosen Hüten, exzentrischen Schuhen? Kannten sie diese herrlichen Requisiten mit den ausgeschnittenen Köpfen und Händen? Jeder durfte mitspielen, sich einkleiden mit einer fremden Geschichte. Nur den Kopf von hinten leicht in die Öffnung gelegt, die Hände hindurchgesteckt, und schon war eine Identität geboren. Für einen üppigen Jahrmarktsmoment.

Ein Gedanke nur, jetzt, vor diesem rosenblühenden, unergründlichen Licht-Lächeln, das vielleicht kein Lächeln ist, vor diesen aufleuchtenden Händen mit den kleinen Hautrötungen, dem Schmelz der schönen Fingernägel, nur ein Gedanke an die aufgemalten Jahrmarktskostüme, und schon steht Marchesa Veronica hinter einer aufgemalten Robe. Sie legt den Kopf in den Ausschnitt, sucht mit den Fingern die Öffnungen der Spitzenmanschetten. Und spielt: Was wäre wenn? Um gleich den Kopf zurückzuziehen aus dem Kragenloch, und schon ist auch der Platz über den wattierten, wie gepanzerten Ärmeln wieder leer. Sie dreht sich um.

Und durch die Löcher des Bildes sehen wir in einen unbekannten Raum hinein, in dem die Marchesa langsam verschwindet. Mit Haut und Haar und Fleisch und Blut.

Wußte Rubens (man weiß ja nicht alles, was man weiß), daß er beides malte: das Bild einer Dame der Hocharistokratie zur Zeit der Gegenreformation und den irritierenden Blick eines modernen Individuums, der dieses Bild als Staffage entlarvt.

Aber freilich malen auch wir, wenn wir hinsehen, das Bild noch einmal neu. 400 Jahre sind eine lange Zeit.

Jeder Blick kopiert, fälscht. Erfindet.

Was ist das für ein Ich, das den Pinsel nimmt und einen winzigen weißen Flecken setzt auf das schlammige Olivgrün der Iris im Auge eines Mädchens? Und ein kleines rohes Rot unter die Nase?

Und wer sind wir, die wir hier eben nicht den Farbtupfen wahrnehmen, sondern den Lichtreflex, das Sehen des lebendigen Auges, das Pulsieren des jungen Fleischs um den kindlich weichen Mund, so daß wir sagen:

Mädchen, komm! Nimm deine Hände aus der Leinwand, deinen Kopf. Laß diesen Riesenkragen zurück. Alles aufgemalt. Alles Fiktion. Schüttel dich! Komm.

Oder bleib. – Ja, bleib.

Denn auch wenn du bleibst, erfüllst du das Protokoll nicht.

Vielleicht finden wir dich komisch, Marchesa, vielleicht rührst du uns. (Und braucht Rührung, um sich vor der Rührseligkeit zu retten, nicht immer eine leise Idee von Gelächter?)

Also bleib, bleib eine schöne fremde Luft-und-Lichtgeist-

Erscheinung für alle, die komisch und rührend gebunden sind an Geschlecht, Gewohnheit und so weiter und doch: aufbrechen. Heute, wie vor 400 Jahren.

Wir nehmen dich mit im Gefieder!

Und haben von nun an deinen Wink, den fragenden Widerstand deines kleinen Silberblicks, im Nacken.

Menschenmuster im Mutterland
Edouard Vuillard (1868–1940)

Wie Proust verehrte Edouard Vuillard seine Mutter. 60 Jahre lang, bis zu ihrem Tod, lebte er in ihrem Haushalt. Seit dem frühen Tod des Vaters ernährte sie die Familie mit einem Atelier für Korsett- und Damenschneiderei, in ihrer Wohnung nahe des Louvre. So wuchs der Junge auf in einem Mutterreich der Stoffe und Spitzen, mit Schwester, Näherinnen, Kundinnen. Die Wirklichkeit der Kleider begann plan, als Stoffbahn, die bald durch die Hände der Frauen glitt und zu leben begann. In einer Kippfigur der sensiblen Wahrnehmung aber konnte sich auch die Beschaffenheit der alltäglichen Dinge von den Körpern lösen und als flächiges, augenblickshaftes Farb- und Formfragment emanzipieren. Vuillard erzählte, wie er einmal beim Aufwachen den ihn umgebenden Raum zweckfrei als ästhetische Momente wahrnahm, er sah »den Kleiderschrank mit dem Spiegel davor, die Kehlen und Holzleisten, die Gesimse des Fensters, ihre Proportionen, die Vorhänge, den Stuhl mit der geschnitzten Holzlehne, die Tapete, den Knauf der offenen Tür, Glas und Kupfer, das Holz des Bettes, das Holz des Paravants, die Scharniere, meine Kleider am Fuß des Bettes«. Er bemerkte, daß die verschiedenen Muster der Vorhänge »durch den größeren oder geringeren Abstand ihrer Fäden« zustande kamen. Sein im Erwachen ungerichteter Blick löste das Zimmer auf in die Sensation von Strukturen.

Immer glaubte seine Mutter an ihn, den kommenden Künstler; er wiederum hat wie kaum ein anderer Maler die Mutter ins Zentrum seines Werks gestellt. Sie wurde Muse und Modell. Ein kleinformatiges Ölgemälde von 1893 (es hängt heute im MoMA in New York) zeigt in einem Zimmer Mutter und Schwester Marie. Das Zentrum nimmt die Mutter ein, die in einem scherenschnittschwarzen, bodenlangen Kleid breitbeinig dasitzt, die Hände auf die Knie gestützt, als ruhe sie sicher in ihrer Majestät, aber auch so, als könne sie jeden Moment aufstehen, um einzugreifen. Einzig Gesicht und Hände unterbrechen das flache Schwarz des Gewands. Ein massives hölzernes Schrankpult hinter ihr verstärkt den Eindruck ihrer Macht. Zu ihrer Linken erstreckt sich eine grün-rosa-braun gefleckte Tapete, aus der sich in einem braunen Kleid mit grün-rosa Karomusterung die Figur der Tochter zu lösen scheint. Sie ist viel größer als die Mutter, aber wie eine schlecht gehaltene Marionette hängt sie vornübergebeugt, verrenkt. Da ihr Kleid die tupfenhafte Struktur der Tapete aufnimmt, bleibt ihre Gestalt in deren Muster gefangen. Sie ist Mutterstoff, Tapete der Intimität, dem allerdings durch das blasse Gesicht mit den aufgerissenen Augen ein unmittelbarer Ausdruck von Erstaunen wie Qual anhaftet. Das Bild entstand in dem Jahr, da die unscheinbare Schwester zum Erstaunen aller einen sieben Jahre jüngeren, attraktiven Schulfreund von Edouard Vuillard heiratete, auch er ein Maler. Nun lebte man zu viert im beklemmenden Schutzraum der Mutter, und es gab Stimmen, die sagten, die Hochzeit sei zustandegekommen, weil der Bräutigam in der Nähe seines Freundes sein wollte. Die Ehe wurde nicht glücklich. Marie gebiert ein totes Kind, ein zweites stirbt in den ersten Monaten. Doch dann bringt sie noch ein Mädchen und später einen Jungen auf die Welt. Als Großmutter erscheint Vuillards Mutter in milderen Lichtmustern, einmal als Rückenfigur mit indigofarbenem Rock, die nach einem kleinen Kind in weißem Hemd auf einem mit manganblauem Tuch überworfenen Bett greift, vor einer Tapisserie in blau-weiß-grau. Vuillards Bilder lebten von der Diskretion. »Ich bin immer nur ein Zuschauer gewesen«, sagte er, oder auch »Die Stille bewahrt mich«.

Selbstbildnis
Cuno Amiet (1868–1961)

Ein ernst dreinsehender Mann. Ausgesetzt einem verhaltenen Wetterleuchten von Farben. Die Schläfen schon ergraut, auch der Bart an der Spitze hell. Und doch wirkt das Haupthaar noch dunkel. Die schwarzen, wachen Augen liegen unter buschigen Brauen. Der Mund ist feingeschnitten. Die dunkelblaue Fliege am Hals des weißen Hemds sitzt ein wenig schief. Eine Momentaufnahme, so scheint es. Wie flüchtig in den Spiegel gesehen. Dann eingefroren in diese flimmernde Buntheit. Als Cuno Amiet sich so malte, war er 52 Jahre alt.

Die Farben sind ungewöhnlich für ein Männerportrait. Ein Bild auf Orange, Rosa und Violett gestimmt. Dazu komplementär helles Grün und Blau. Aber dieses nuancenreiche, in gut sichtbaren Pinselstrichen und -tupfern lebende Farbenspiel um Blau und Weiß liegt auch im Haar. Ein Mann scheint als Modulation den Tönungen eines Hintergrunds zu entsteigen, der nicht erkennen läßt, was da eigentlich ist. Ohne sichere motivische Gebundenheit verlaufen rechts zwei vertikale Linien: eine karmesinrote Möbelkante? Kaum. Violette Anzugfalte? Seltsam. Vielleicht sind diese Konturen nichts als zwei Farbstriche, die die leichte Drehung des Kopfes nach rechts betonen und diese Bewegung so noch ein wenig sicherer sein lassen. Neben *ernst* wäre *sicher* das andere Wort, das dieses Bild evozieren läßt. Geht es um Selbstsicherheit, um Selbstversicherung? Hier bin ich; so bin ich. Ich kann nicht anders.

Cuno Amiet, geboren 1868 in Solothurn, gestorben mit 93 Jahren im Oberaargau auf der Oschwand, einem Sattel in den Buchsibergen östlich des Heideterwalds, hat sich immer wieder gemalt; es gibt an die 40 Selbstportraits von ihm. Auf dem ersten blickt der 15-Jährige bartlos, offen und unerschrocken den Betrachter direkt an: schwarzes Haar, den roten weiten Kragen wie den Umhang eines Herrschers auf die Schultern gelegt. Auch hier zeigte sich schon dieser Ernst. Aber er ist unbedingter, ein ruhiger, majestätischer Imperativ an das Leben. Dagegen bleibt das Selbstportrait von 1920 verhaltener. Der Blick dieser Augen geht auch nach innen.

Amiets Vater, Staatsschreiber und Archivar in Solothurn, hatte früh gesehen, daß der Sohn begabt war und ihm schon als Schüler privaten Zeichenunterricht geben lassen. Als der Junge dem Maler Frank Buchser, einem Freund des Vaters, begegnete und erklärte, er wolle auch Maler werden – da gab der Vater nur zögernd seine Erlaubnis. Cuno Amiet wird keine Erinnerung an seine Mutter gehabt haben; sie starb, als er, das jüngste von drei Kindern, zwei Jahre alt war. Sein Vater konnte sich wieder verheiraten. Aber die Familie lebte in finanziell eingeschränkten Verhältnissen. Und doch unterstützte der Vater, einmal entschlossen, nun den kunstbereiten Knaben aus ganzem Herzen. Neben dem Besuch der Kantonsschule durfte er bei Buchser lernen. Später erzählte Amiet: »Mein lieber Vater meldete mich von Zeit zu

Zeit in der Schule krank, und diese Krankheitstage brachte ich in meines Meisters Werkstatt bei strenger Arbeit zu. Auf der vom Meister angefangenen Kopie der schönen Diamantina aus Korfu mußte ich das Blätterwerk des Hintergrundes malen.«

Im Sommer, nach der Matura, zogen die beiden nach Hellsau, und der junge Amiet malte neben seinem Meister in der freien Landschaft: Baumstudien, Hecken.

Obwohl es ihm schwer fällt, finanziert der Vater ein Akademiestudium in München. Hier trifft Amiet auf Giovanni Giacometti, und eine lebenslange Freundschaft beginnt. Gemeinsam gehen sie nach Paris. In den Sommern malt Amiet in der Schweiz, meist an der Seite von Buchser. Er ist begabt, alles fällt ihm leicht. Im Herbst staunt er wieder im Louvre: die Olympia von Manet! Dann all diese Tizians, Velazquez und immer wieder Rembrandt. Doch der Unterricht an der Akademie macht ihn zunehmend unzufrieden. Er ist 24, als er auf den Rat eines Kollegen hin nach Pont-Aven fährt, in die Künstlerkolonie in der Bretagne. Er schreibt dem Vater: »Ich muß einfach diesen Sommer dazu nutzen, etwas Gutes zu leisten. Es soll sehr schön sein am Meer und billig: 75 Frs. Kost und Logis. Dann kann ich also den ganzen Sommer über dort aushalten.« Schon in den ersten Wochen lernt er, anders zu arbeiten. Früher habe er, schreibt er, versucht einen Eindruck nach der Natur sofort festzuhalten. Jetzt gehe er rationaler vor, er denke von den Farben und Formen aus: »Wenn ich etwas anfange, so frag ich mich vor allem, welches Zusammentreffen gewisser Linien oder welches Zusammenwirken gewisser Farbtöne ist es, das mir einen solchen oder anderen

Eindruck einflößt.« Dabei sei letztlich entscheidend, »etwas absolut Persönliches zu machen, das kein anderer machen kann. So wird man auch gezwungen sein, die absolute Schönheit in allen Teilen des Bildes zu sichern. Das Bild muß auch ein abgeschlossenes Ganzes bilden, in dem nichts zu viel und nichts zu wenig ist. Kurz, ich arbeite viel mehr mit dem Kopf als bis dahin«. Und im November kann er dem Freund Giovanni Giacometti glücklich berichten: »Ich habe wieder Geschmack gewonnen an der Malerei, und sie hat mich leidenschaftlich gepackt. Ich habe viel gearbeitet, ich habe große Fortschritte gemacht. All meine Bilder sind originell, das ist schon etwas.«

Amiet wohnt in einer Pension, deren Wände dicht behängt sind mit Bildern der Maler, die vor ihm in Pont-Aven waren. Ihm fällt ein Teller mit Kirschen auf, der nur signiert ist mit P.G. Als er diese Kirschen sieht, ist Paul Gauguin schon fort. Aber andere Kollegen lernt er kennen, etwa Emile Bernard, der ihm Werke von van Gogh zeigt. Oder den Iren Roderic O'Conor; beide besuchen sich täglich in ihren Ateliers und diskutieren ihr Tagwerk.

Derweil versucht in Solothurn der Vater, die Bilder des Sohns zu verkaufen, ohne Erfolg. Er glaubt nicht, daß sein Junge in der Schweiz je Erfolg haben wird. Und trotzdem ist er bereit, den Aufenthalt in der Bretagne zu bezahlen, solange es geht. Amiet kann mehr als ein Jahr, von Mai 1892 bis Juni 1893, bleiben. Dann bezahlt der Vater die Schulden von 600 Franken, und der junge Maler kommt zurück. Er schreibt an Giacometti: »Dir von diesem schönen Land zu erzählen, das man die Bretagne nennt, dazu habe ich nicht den Mut. Der Tag, da ich sie verlassen muß, rückt näher. Ich wage nicht, daran zu denken, ich möchte weinen, und mit Tränen, die weh tun. Wenn ich spazierengehe, verschlinge ich die Landschaft mit meinen Augen, die Menschen, die vorbeigehen, jedes Objekt um seiner selbst willen, um alles gut in meiner Erinnerung festzuhalten. Ich habe mich noch nie einem Ort so verbunden gefühlt wie diesem hier!« Wieder in Solothurn wird er zunächst auf dem Dachboden seines Elternhauses weitermalen. In der Besprechungskritik einer Basler Ausstellung, zu der er eingereicht hat, wird er demütigend belacht: Kindliche Farbverwirrungen! Der Vater, der bald darauf stirbt, hat den kommenden Erfolg seines Sohnes nicht mehr erlebt.

Cuno Amiet ist nicht in die Südsee aufgebrochen. Sein Tahiti, seine Marquesas-Inseln waren die sanften Hügel um die Oschwand, seine Exotik die Sonnenflecken auf der im Wind flatternd trocknenden weißen Wäsche. Seine Hibiskusblüten die unermüdliche Pracht der Apfelbäume seines Gartens. Und seine Insulanerinnen Gerti, die Nichte, mit dem gescheitelten schwarzen Haar im Sommerkleid, bei der Morgentoilette oder einfach die »Gelben Mädchen«, die in Stufen zunehmender Abstraktion in ein gelbgeflecktes Wiesengrün übergehen.

Er wollte und konnte den Weg seiner avantgardistischen Kunst mit einem Leben als Schweizer Bürger verbinden. Er hatte in Pont-Aven die Vielfalt der Moderne gesehen und früh verschiedene Stile ausprobiert. Man hat ihm Epigonentum vorgeworfen. Künstlerisch sei er ein Chamäleon! Und nicht sehen wollen, daß er nicht plagiierte, sondern – begabt mit einem sicheren Auge, schneller Auffassungsgabe und malerischer Souveränität – einfach Freude hatte, sich verschiedener Quellen zu bedienen und mit ihnen zu spielen. Im Alter sah er auf die verblüffende Variabilität in seinem Werk zurück: »Ich male, weil ich nicht anders kann, ich male so, weil ich nicht anders kann. Mein Wesen ist der Gegensatz. Das Gleichgeartete ist meinem Wesen fremd. Auf Grün folgt Rot. War es eine Zeitlang Blau, so muß ein Gelb herbei. Liebte ich das Kleinformat, so stellte ich vor eine große Leinwand mich gar gern. Hab ich mich sattgemalt an hurtigen Gebilden, so freue ich mich auf ein ausgetüpfeltes Gesicht. War das Öl für eine Zeit mein Binde- und Verdünnungsmittel, flugs stecke ich die Temperapalette mir an den Daumen. Wenn ich mir nicht genug tun konnte an der genauen Abschrift eines Baumgeästs, so ersehnte ich mit Ungeduld das Bilden einer reinen Komposition. Hin und her werd' ich gependelt, und ich wehre mich auch nicht dagegen. So ist mein Wesen, und so werden meine Bilder.« Zu den modernen französischen Einflüssen, dem Impressionismus und Postimpressionismus, dem Symbolismus, zu den Impulsen der expressionistischen Maler der »Brücke«, die bald um ihn werben, kommt als jahrelanger Magnet und Gegenpol das Werk von Ferdinand Hodler, das er aufnehmen und von dem er sich befreien wird. Im Unterschied zu Hodler, der um die Jahrhundertwende hochgefeiert klare Vorgaben machte – Abwendung von Tizian und den ganzen Venezianern, Bekenntnis zu den Florentinern und Dürer –, kämpfte der jüngere Amiet um eine offene Position: »Ich aber mußte nach wie vor meinen Weg gehen, hatte Freude an einem Venezianer, an einem Florentiner und an einem Dürer. Ich wollte nicht die Fesseln des Prinzips, ich wollte frei sein und malen, was mich gerade freute.« Mäzene werden ihn fördern; er wird sich durchsetzen und den ungewöhnlichen Spagat zwischen internationaler Moderne, die in Paris, Wien, München gezeigt wird, und der schweizerischen Oschwand in den Buchsibergen leisten.

Er lebte, von notwendigen Reisen abgesehen, zurückgezogen. Mit seiner Frau Anna (die jüngste Tochter einer Wirtshauswitwe aus Hellsau, wo er oft malte und eine Zeitlang ein zweites Atelier unterhielt) blieb er zurückgezogen auf seinem ländlichen Anwesen. Anna brachte, zum großen Kummer beider, einen toten Sohn zur Welt, das Paar blieb kinderlos. Doch sie nahmen vier Pflegekinder auf, zuletzt 1920 (zur Zeit also, da er sich so ernst und so bunt, aus einem Farbenspiegel auftauchend portraitierte) noch Bruno, den Sohn von Hermann Hesse.

Sie führten ein gastoffenes Haus; Anna hielt ihrem Mann den Rücken frei. Ihre schönen Augen, ihr Lachen ist auf vielen Bildern festgehalten. Als sie 1953 starb, kam die mittlerweile verwitwete Pflegetochter Lydia zurück und betreute den alten Maler, der immer noch täglich an der Staffelei stand und Wert darauf legte, jeden Abend seine Malutensilien sorgfältig zu putzen. Wie er es von seinem Meister Buchser gelernt hatte. Danach ging er pünktlich zu einem Glas Wein in den Gasthof Schöni.

Sein letztes Selbstportrait zeigt ihn als etwa 90-Jährigen: die Zeichnung des Gesichts durch kreisende Kratzspuren unterlaufen. Der Blick müde, lebensverwundert, einverstanden.

IV. Gedichte lesen

Edna St. Vincent Millay
(1892–1950)

Sie fürchtete, er stürbe in der Nacht.
Und fing das Tageslicht zu schwinden an,
dann konnte sies nicht lassen zu betrach-
ten, wie weiß die Birken aussahen – und dann
bekam sie Angst, durchs Haus zu gehen und
die Fenster zu verriegeln, selbst mit Licht;
und gegen Morgen, heulte dann ein Hund,
quiekten die Mäuse, war ihr lange nicht
sehr wohl in ihrer Haut. Bei Tag vergaß
sie manches, und vernünftig schien es kaum,
herumzulaufen just mit diesem Traum,
damit ein Nachbar nächtens bei ihr saß.
Sie hatte, erst beim Tee sah sie es ein,
den Kessel kochen lassen nachts, um nicht allein zu sein.

Dies ist das 14. von 17 Gedichten des erzählenden Zyklus »Sonette aus unveredeltem Holz«. Es geht darin um ein denkbar sprödes Thema. Eine Frau, eine »New England Lady« (so die Autorin in einem Brief), kehrt zurück in das Haus ihres sterbenden Mannes, »loving him not at all«, wie es das erste Sonett sagt. Nun erledigt sie die notwendigen Kleinigkeiten. Es ist kalt und regnet; sie holt Holz. Die nassen Rinden wollen nicht recht brennen. Ein Lieferant bringt

Nahrungsmittel, und sie versteckt sich auf der Treppe, weil sie in kein Gespräch verwickelt werden möchte. Die Nachbarinnen stehen mit Eingekochtem vor der Tür; sie bittet sie nicht herein. Sie legt Wachstücher in die Regale, poliert den Wasserhahn, die Töpfe. Es beginnt zu schneien. Sie füttert den Moribunden wie ein Kind. Daß die beiden noch miteinander sprechen, wird nicht gesagt. Unter den scheuen Handgriffen im abgelebten Haus wachsen Erinnerungen. Nein, dieser Mann war keine große Liebe; er war möglich. Und auch wenn es jene Vollmondnacht gab, im August, und den flüchtigen Glanz des Begehrens, wäre Scheitern ein zu großes Wort für die Unerheblichkeit dieser Ehe, für ein Frauendasein in den Lineamenten der Konvention. Zunehmend aber gewittert es in den Zeilen. Das so beiläufig erzählende Ich erfährt sich ungeahnt ausgesetzt und irritiert. Wo die Lebende ihr Dasein mit dem Sterbenden noch einmal engführt, kann jedes Detail Auslöser werden für eine Epiphanie oder eine Ich-Dissoziation. Ist es wirklich sie, die ehemalige Gattin, die hier anwesend ist, fragt sie sich, oder nur eine, die ihr gleicht?

Mit dem schwindenden Tageslicht steigt die Angst. Im harmlosen Weiß der Birkenstämme glimmt der Vorschein des Todes. Und der Morgen trägt das nächtliche Unbehagen weiter. Die Wachträumende wird sich fremd, sie ist in eine schutzlose Einsamkeit gefallen. Und begreift – eine rührende, selbstvergessene Geste –, daß sie über Nacht das Teewasser hatte kochen lassen, »um nicht allein zu sein«. Wo kein Mensch mehr helfen kann, bleibt der animistische Kindertrost der Dinge.

Die Dynamik dieser Verse, ihre irritierende Modernität, speist sich aus einer formalen Spannung. Edna St.Vincent

Millay bindet den Lakonismus eines an Prosa erinnernden Sprechens streng an das alte Sonett-Schema. (In der elisabethanischen Variante: männliche Reime, drei Quartette, ein Couplet, dessen letzte Zeile sie zur erzählenden Balladenstrophe verlängert.) Sie wolle, so einer ihrer vielzitierten Sätze, das »Chaos in vierzehn Zeilen bringen«. 178 Sonette hat sie veröffentlicht.

Millays Daseinsglück und -katastrophe war eine symbiotische Liebessehnsucht und damit die Bereitschaft zu entgrenzender Empathie, die unversehens ins Mystische führen konnte. Nach der Trennung der Eltern, sie war acht, versuchte sie die Rolle des Ehemanns und Vaters zu übernehmen. Ein hochbegabtes, androgynes Mädchen, das 16-jährig der Mutter ein Schreibheft mit einem halben Hundert Gedichten widmete, gezeichnet mit »Vincent«, dem männlichen Teil ihres Namens. »Wenn ich Dich nicht dauernd Mutter nennen würde«, wird sie später in einem Brief schreiben, »würde jeder, der dies liest, denken, ich schreibe an meinen Liebsten. Und er hätte recht damit.« Sie war 19, als sie bei einem Lyrikwettbewerb auffiel; eine reiche New Yorkerin hörte sie in einem Ausflugslokal ihre Verse rezitieren und finanzierte ihr daraufhin eine Ausbildung auf dem berühmten Vassar College. Bald irrlichterte die junge Frau durch das Künstlermilieu des wilden Manhattan der zwanziger Jahre. Eine kindliche Elfe, eine Femme fatale, die mit Männern und Frauen schlief, als könne Sex sie am Leben halten. Dabei war es das Schreiben, das sie stabilisierte, zumindest immer eine Weile lang. Mit 30 der Pulitzer-Preis für Lyrik. Ihre Stimme im Rundfunk wurde zur Legende. Man zitierte ihre Zeilen wie Schibboleths. Ihr Name erschien auf der Liste der zehn berühmtesten Frauen Amerikas. Die Ehe mit einem zwölf Jahre älteren Kaufmann versprach Geborgenheit und Freiheit. Der Gatte nahm hin, daß sie, 36-jährig, eine Liebesbeziehung mit einem 21-jährigen Dichter begann. Hauptsache, sie würde schreiben! Sie schrieb. In 52 Sonetten über den Jüngling durchschritt sie alle Stadien von Leidenschaft, Verzweiflung, Trauer. Der Gedichtband »Fatale Interview« verkaufte sich innerhalb weniger Monate 50000mal. Als sie begann, links-engagierte Gedichte zu verfassen, war ihr klar, daß sie damit Politik machte, keine Lyrik.

Ihre letzten 25 Jahre verbrachte sie in einer idyllischen Enklave auf dem Land; sie und ihr Mann, der für sie lebte, zwei symbiotische Drogenabhängige (Morphium, Alkohol) in befriedeter Hölle. Ein Jahr nach seinem Tod wird sie sich im Haus bei einem Sturz auf der Treppe das Genick brechen; sie wurde 58 Jahre alt.

Nazim Hikmet
(1902–1963)

Ich liebe dich, wie man Brot in Salz taucht und ißt,
wie ich den Mund an den Wasserhahn presse, um zu trinken,
wenn ich nachts im Fieber erwache,
wie man ein schweres Paket mit unbekanntem Absender
hastig, freudig erregt und argwöhnisch öffnet,
so liebe ich dich, als flöge ich zum ersten Mal im Flugzeug über das Meer,
so liebe ich dich, wie das sanft in der Dunkelheit versinkende Istanbul,
das mein Innerstes rührt, so liebe ich dich.
Als wollte ich sagen: »Gottlob, wir leben!« So liebe ich dich.

(27. August 1960)

Zur Liebe gehört der Unsagbarkeitstopos. »Das schönste Wort, das ich dir sagen möchte«, heißt es in einem anderen Gedicht Nazim Hikmets, »ist das noch nicht gesagte«. Es bleibt der menschenalte, paradoxe Versuch, die Liebe dennoch in Bilder zu fassen. Nazim Hikmet macht nicht die Schönheit der Geliebten zum Thema, sondern er spricht von sich selbst. In einem Oszillieren zwischen »ich« und »man« bindet er die intimste Erfahrung an Szenen, die für alle nachvollziehbar sein sollen. Dem Umfassenden seines Liebens nähert er sich durch Beispiele. Er bedient sich dabei keiner klassisch-romantischen Blumen- oder Lichtmetaphorik; sein Blick geht weder über vielbesungene Frühlingsfluren noch in den unabsehbaren Sternenhimmel, sondern zu Momenten des Alltags.

In sechs Vergleichen öffnet er einen Fächer von Stationen menschlichen Daseins. Sie beginnen mit einem Stück Brot, das in Salz getaucht und gegessen wird. (Diese wunderbare Geste ist kaum ins Deutsche zu übersetzen, weil wir sie nicht kennen. Wir streuen Salz aufs Brot. Zudem beziehen sich die Verben »tauchen« oder »tunken« auf Flüssigkeiten. Das norddeutsche »stippen« käme dem Vorgang nahe, brächte aber eine im türkischen Milieu unmögliche Sprachfärbung mit sich.) Das Salz ist die einzige Beigabe zum Brot, Oliven oder gar Käse fehlen. Dieses Brot ist eine Speise der Armen. Und doch liegt in der ruhigen Geste (»eintauchen« und essen) eine stille Würde. Es folgt, wie ein Umschlag, der nächtliche Augenblick des Fiebernden, der Linderung sucht durch einen gierigen Schluck Wasser aus der Leitung; niemand hat ihm ein Mineralwasser hingestellt, gar einen Tee gekocht. Von diesen elementaren Situationen führen die Verse zur bürgerlichen Lebensweise. Ein rätselhaftes Paket ist angekommen, man weiß nicht, was drin sein wird, öffnet es also in einer Mischung aus Neugierde, Freude, Zurückhaltung. Das vierte Bild nennt die sehnsuchtsvolle Begeisterung des Ersten Mals: mit einem Flugzeug über das Meer fliegen. Es evoziert einen Moment der Weite, den Aufbruch in ein doppeltes Blau. Von den geographisch indifferenten Räumen Himmel und Meer führen die nächsten Zeilen konkret zur Stadt Istanbul, die sanft in der Dunkelheit versinkt. Das Ich wird nicht berührt von einem Morgenblick auf eine erwachende Welt, sondern von dem allabendlichen Adieu. So deckt die Geliebte verschiedene Aspekte seines Menschseins ab: den Dank für das tägliche Brot; die fiebernde Gier, den Durst zu stillen; das neugierige Erforschen; die Sehnsucht, ins Offene aufzubrechen; die Wehmut über eine heimatliche, so oft schon verlorene Stadt.

Istanbul, das alte Konstantinopel, war Hauptstadt zweier Weltreiche; dem Byzantinischen Reich folgte das Osmanische Reich, und zur Zeit des Gedichts ist Istanbul die intellektuelle Metropole einer von einer Militärdiktatur beherrschten Türkei. Der die Vergleichsreihe abschließende Ausruf: »Ich liebe dich, als wollte ich sagen: ›Gottlob, wir leben‹« bindet an den Anfang zum existentiellen Minimum Brot und Wasser zurück. So münden die Verse in die Absolution der Erleichterung: Wir sind nicht gestorben wie die anderen. Wir sind noch nicht gestorben. Damit aber erhält das Liebesgedicht den dunkleren Anhauch, auch ein politisches Gedicht zu sein.

Nazim Hikmet, Sohn einer polyglotten aristokratischen Familie Istanbuls, seit früher Jugend bekennender Marxist, hat 15 Jahre in Gefängnissen verbracht (bei Wasser und Brot), 12 Jahre im Exil gelebt und war die letzten dreißig Jahre mit Publikationsverbot belegt. Die meisten seiner Texte erschienen in der Türkei erst posthum. Aber Schreiben war, wie Brot und Wasser, wie Hoffen und Danken, ein Überlebensmittel. Sein Hauptwerk, darunter die legendären Liebesgedichte an seine Frau Piraye, ist in der Gefangenschaft entstanden. Als Nazim Hikmet »Ich liebe Dich wie« schrieb, war er ein alter, todkranker Mann im Exil, auf Reisen. Das Gedicht richtet sich an seine letzte Frau Vera Tuljakowa, mit der er seit 1959 zusammenlebte. Er starb drei Jahre später mit 62 Jahren in Moskau an Herzversagen.

Von hier öffnet sich der Text noch einmal als ein Erinnerungsgedicht. Das Istanbul, das in der Dämmerung versinkt, versinkt in der Dämmerung des erlöschenden Ich, das, mit goetheschem Dankenkönnen begabt (»Wie es auch sei, das Leben, es ist gut«), noch einmal zurückblickt. Es zieht das Resümee eines politischen Dichterlebens, das nur möglich war, weil die Empathie – die an Spracherotik gebunden blieb – Gefangenschaft, Exil und die Angst vor dem Tod in seinem Fall überwinden konnte.

Christine Lavant
(1915–1973)

Wär ich einer deiner Augenäpfel
oder eines deiner Wimpernhaare
niemals gäbe ich dir Ärgernisse
und du würdest mich so gern ertragen.

Meine Seele geht jetzt auf die Suche
nach dem nächsten besten Hexenmeister
der an ihr das kleine Wunder täte
denn sie will sich gleich verzaubern lassen.

Freilich hast du schon zwei Augenäpfel
freilich hast du alle Wimpernhaare
aber wenn sie Brot und Wasser würde –?
Brot und Wasser brauchst du alle Tage.

Noch vor jedem Verstehen ist da der Sound. Binnenreime und Assonanzen überziehen die Verse mit einem Klangnetz, so daß der fehlende Endreim der Serbischen Trochäen gar nicht auffällt. Christine Lavant schlägt die alte Unmöglichkeitsformel der Liebenden an: ›Wenn ich wär'!‹ Und taucht mit dem Konjunktiv den Text weiter in eine musikalische Tönung: »wär«, »Äpfel«, »gäbe«, »würde«. »Ärgernisse« und »gern ertragen« nehmen in der Klangöffnung die »Haare«

wieder auf. Kannte sie Stefan Georges Gedicht »Sehnsucht«, in dem ein Ich »um dein aug' und haar/ alle tage in sehnen leben« muß? Hatte sie das ungewöhnliche Wort »Augenäpfel« in Rilkes »Archaischer Torso Apollos« gelesen? Goethes »Zauberlehrling« mit dem »Hexenmeister« wird der Autodidaktin vertraut gewesen sein.

Die Dichterin, die den Namen ihres Heimatflusses zum Pseudonym machen sollte, wurde 1915 im Lavanttal geboren als das jüngste von neun Kindern des invaliden Grubenmaurers Georg Thonhauser und seiner Frau Anna, einer Flickschneiderin. Der Vater erzählte gerne »vom Gottsnamwutzl und von anderen Geistern«, und die innig fromme Mutter sang mit ihren Kindern Kirchenlieder und Kärntner Volkslieder. Christine schien kaum lebensfähig, ein skrofulöses, lungenkrankes Mädchen, das zwölfjährig nach einer radikalen Röntgenbestrahlung von einer Tuberkulose geheilt werden konnte. Auch die nässende Skrofulose verschwand. Sie blieb schwächlich, von Narben an Hals und Gesicht gezeichnet. Die verhuschte kleine Außenseiterin brauchte sieben Jahre, um die dreiklassige Grundschule zu absolvieren; auf der Fensterbank aber schrieb sie Geschichten. Als ein Verlag den ersten Roman der Siebzehnjährigen ablehnte, nahm sie Tabletten und kam in die Klagenfurter Landes-Irrenanstalt. Nach dem Tod der Eltern heiratete sie mit 24 Jahren den 60-jährigen erfolglosen Kunstmaler Josef Habernig und hauste mit ihm hungernd in einem Zimmer. Durch Stricken gewährleistete sie den kleinen Lebensunterhalt: vor sich auf dem Tisch die Bücher aus der Wolfsberger Leihbibliothek, die klappernden Nadeln über dem Schoß. Als ihr ein Band Rilke-Gedichte in die Hand fiel, sei ihr gewesen, als »habe man einen Brunnen geschlagen«; nach einigen epigonalen Versuchen fand sie ihren Ton. Und schrieb aus dem Lavanttal in den Echoraum der Weltliteratur hinein.

Ein Ich wendet sich an ein Du. Beinahe sezierend bezeichnet es den Körper des anderen. Einer seiner »Augenäpfel« möchte es sein, oder wenigstens ein »Wimpernhaar«. Dann würde das Du mit dem Sehorgan des Ich die Welt schauen; als Wimper könnte das Ich helfen, seinen Blick zu schützen. Beide Positionen sind intim, gilt das Auge doch als Fenster der Seele. Das Ich will nicht nur anteilnehmen am Du, sondern sein Teil sein. Nur wenn das Ich im Du aufgeht, in ihm untergeht, ist es für das Du zu »ertragen«. Die Verschmelzung, von der die Zeilen im Irrealis sprechen, hat aber klanglich schon begonnen (doppelter Binnenreim »einer/deiner«; die Musik der Vokale und Umlaute).

Indem sich das Ich in der zweiten Strophe nun als »Seele« auf den Weg macht zum »nächsten besten Hexenmeister« (dreimal zischende Assonanz), der sie »verzaubern« soll, intensiviert sich die Sprachmagie. Die dritte Strophe vollbringt das »kleine Wunder« der Anverwandlung. Sie beginnt mit einer Einschränkung, die zugleich Beschwörung ist. Wie im Zauberspruch werden die Worte gedoppelt (»Freilich hast du«/»Freilich hast du«, »Brot und Wasser«/»Brot und Wasser«). Da das Du kein Auge braucht und keine Wimper, inszeniert das sprechende Ich nun eine ganz andere Metamorphose. Das leiblich vollkommene Du wird doch Hunger haben! So soll die Seele Brot und Wasser werden und sich als Grundnahrungsmittel dem Du einverleiben: »alle Tage«. Eine inverse Eucharistie. Wasser und Brot aber sind nicht Brot und Wein. Das Abendmahl, das diese Zeilen versprechen, hat auch den Nachhall von Kerker. Es benennt eine Liebes- und Leibesgefangenschaft. Und das Gedicht, das von dieser Wandlung spricht, ist das Gedächtnis eines Dramas.

1950 lernte Christine Habernig, 35-jährig, bei ihrer ersten Lesung den Maler Werner Berg kennen. Auch er ist verheiratet und zudem Vater von fünf Kindern. Der 46-Jährige muß elektrisiert gewesen sein von der enigmatischen schmalen Frau, die, ganz in Schwarz, mit Kopftuch sich halb als Nonne, halb als Kräuterweiblein inszenierend, wie aus der Zeit gefallen ihre Verse las. Eine Glückskatastrophe beginnt. Der Mann, attraktiv, gesund, als Künstler arriviert, wird zum protegierenden Freund der kranken Debütantin. Während sich Christine von ihrem Ehemann schon lange entfernt hat, fordert Werner Berg von seiner Frau Verständnis für die neue Situation. Nach vier zermürbenden Jahren überlebt Werner Berg Anfang 1955 nur knapp den Versuch einer Selbsttötung. Christine zieht sich zurück. Unter dem Eindruck der erfüllten, gefährdeten, schließlich im Verzicht beendeten Beziehung entsteht in den Jahren 1950 bis 1956 Lavants lyrisches Hauptwerk. Die Sprachzauberin hat ihre Gedichte auch als Brot bezeichnet. Wer sie liest, nimmt Teil an einem Hochamt der Liebe.

Wislawa Szymborska
(1923–2012)

Überraschendes Wiedersehen

Wir begegnen uns höflich,
behaupten: Wie nett, sich nach Jahren wiederzusehen.

Unsere Tiger trinken Milch.
Unsere Habichte laufen zu Fuß.
Unsere Haie ertrinken im Wasser.
Unsere Wölfe gähnen vor dem offenen Käfig.

Unsere Schlangen haben sich freigeschüttelt von Blitzen.
Affen von Einfällen, Pfauen von Federn.
Die Fledermäuse sind längst aus unseren Haaren geflüchtet.

Wir verstummen mitten im Satz,
rettungslos lächelnd.
Unsereiner hat sich
nichts mehr zu sagen.

Eine Alltagsszene: Zufällig begegnet sich ein ehemaliges Liebespaar (auf der Straße?, bei einem gesellschaftlichen Anlaß?) und beginnt höflich eine Konversation. »Wie nett, sich nach Jahren wiederzusehen.« Schon das Wort »nett« signalisiert, daß sich die beiden denkbar weit von der einst geteilten Nähe entfernt haben. Was sie jetzt zueinander sagen werden, kann ausgespart bleiben. Jeder weiß, wie kultivierte Menschen in Momenten der Peinlichkeit lavieren. Doch der Text bleibt unmittelbar in der Szene, er schreibt den unangenehmen Augenblick fort. Aber tatsächlich »überraschend«. Unterhalb des Small Talks entwickelt er Momentaufnahmen der Begegnung in Raubtiermetaphern. Animalia der Anima, Tiere der Seele, entlarven das Daherreden und lassen gleichzeitig die verlorene Intensität der Beziehung aufscheinen.

Vierfach (wie eine Inventur der Empfindungen) werden wilde Tiere als »unsere« aufgerufen. Doch was ist das für eine lahme Menagerie! All die schönen Bestien haben ihre natürlichen Eigenschaften verloren. Die Tiger trinken Milch, statt Wasser zu saufen und lebendes Fleisch zu reißen; die Raubvögel steigen und stürzen nicht mehr in den Lüften, sondern gehen zu Fuß; die Haie ertrinken in ihrem Element, und die Wölfe heulen nicht länger vor Verlangen und Trennungsschmerz, sondern gähnen, und das auch noch am offenen Gitter. Die Tiere haben ihr Wildsein, ihren Freiheitsdrang auf der Erde, in Luft und Wasser verloren. Und erscheinen als degenerierte oder nicht lebensfähige Mutanten ihrer einstigen Majestät.

Auch in der folgenden dritten Strophe ist von Tieren die Rede, aber sie sind kleiner und in ihrer Bildlichkeit komplizierter. Was von ihnen gesagt wird, liegt bereits in der Vergangenheit. Schlangen, Affen, Fledermäuse hängen noch schwach am nur einmal genannten Possessivpronomen, dafür verbindet sie das dynamische Verb »freischütteln«. Im Alten Testament gibt es die feurigen, blitzenden Wüstenschlangen, die »Seraphim« heißen, was auch der Name von Engeln ist, die in der Liebe Gottes brennen. Die einst lebhaften, begabten Seelentiere haben das (Liebes)Feuer, die Funken von Kreativität und Schönheit aufgegeben. Zurück bleiben Animae ohne Glanz und Spiel, matte Schlangen, dumpfe Affen, verstümmelte Pfauen. Auch die dem Magischen nahestehenden Fledermäuse (im Chinesischen gelten sie als ein Symbol für Glück) sind aus den Haaren davongeflogen.

Von allen guten Liebesgeistern verlassen, verstummt das einstige Paar mitten im Satz. Den beiden bleibt nur noch ein hilfloses Lächeln, mit dem sie sich ihr Schicksal eingestehen. Dieses abrupte Schweigenmüssen ist ihre letzte aufrichtige Gemeinsamkeit. Resümierend nimmt »unsereiner« nun zwar das »unser« der Seelentiere auf, das Wort aber hat sich (wie die Tiere) verwandelt. »Unsereiner«, Menschen wie wir, haben sich nichts mehr zu sagen. Dieses Wort verbindet die beiden als Gefallene. Sie wurden aus dem Paradies der herrlichen, wilden Liebestiere vertrieben. Sie gehören jetzt einer anderen Gattung an. Als nicht mehr Liebende haben sie einen seraphischen Zustand des Menschseins aufgegeben.

Das Gedicht ist erschienen in »Sol« (1962); auf deutsch »Salz« (1973), ein Gedichtband, der als ein Höhepunkt im Werk der Nobelpreisträgerin Wislawa Szymborska gilt. Ihr kongenialer Übersetzer Karl Dedecius, der die Jahrhundertlyrikerin früh im deutschen Sprachraum bekannt machte, sagte von ihr einmal, sie kartographiere Augenblicke. Tatsächlich verdanken wir Szymborska einen Seelenatlas des Alltags. Kein Thema war ihr zu klein, keines zu groß. Sie schrieb über ein Mädchen, das die Decke vom gedeckten

Tisch zieht, oder über das Springen der Verzweifelten von den Twin Towers des 11. September. Unser Dasein bestaunte sie als einen geschenkten Zufall. (Wie viel wahrscheinlicher wäre es doch, nicht zu existieren!) Und verlieh in ihren Versen vagen Menschenmomenten ihre poetische Ewigkeit. Ihr dichterisches Hauptwort war »Ich weiß nicht«; ihr Schreiben ein Akt des Verstehenwollens und der Empathie. Was, wenn nicht dieses unwiederbringliche Jetzt, wäre kostbar? Eines ihrer letzten Gedichte beginnt: »Eigentlich könnte jedes Gedicht ›Augenblick‹ heißen.«

Inge Müller
(1925–1966)

Wenn ich schon sterben muß

Will ich noch einmal
Mit euch durch den Wald gehn
Und vorbei am See in Lehnitz oder
Irgendwo; noch einmal möcht ich sehn:
Himmel
Berge
Meer
Arbeiter und Landstreicher
Äcker und Großbauplätze
Städte am Morgen und bei Nacht
Den alten Chinesen, der das ABC lernt und das Schreiben
An der Hand seines Enkels;
Vom Flugzeug aus sehn: die Haut der Welt …
Da werd ich viel zu glücklich sein
Zum Sterben.

Der Titel des Gedichts eröffnet ein rituelles Lebewohl: In 15 Zeilen entwickelt ein Ich Momente seines persönlichen Abschiednehmens vor dem Tod. Dabei wird die Logik des zeitlichen Bezugs verwischt. Dieses Ich formuliert nicht situativ »Bevor ich sterbe«, sondern aus der grundlegenden Verfassung des Menschseins heraus: »Wenn ich schon sterben muß«. Es lebt mit einem deutlichen Bewußtsein seiner Endlichkeit. Inge Müller sah sich als »übriggeblieben, zufällig«. In den letzten Kriegswochen war sie zusammen mit einem Hund verschüttet gewesen; nach drei Tagen wurden sie geborgen. Kurz darauf grub sie die Leichen ihrer Eltern aus den Trümmern. Der Tod blieb zeitlebens ihr zweiter Schatten.

Das Ich des Gedichts (»will ich«) bindet sich sofort zurück an ein Wir: »Mit euch durch den Wald gehen«. Es ist nicht irgendein Wald, sondern der Wald beim Lehnitzsee. Diese intime Gegend weitet sich zu einem sehnsüchtigen »Irgendwo«. Nach einem verstärkenden »noch einmal möcht ich sehn« werden die universalen irdischen Topographien aufgerufen: »Himmel/ Berge/ Meer«. Der diskrete Endreim »gehn« – »sehn« verbindet den vertrauten, kleinen Gang am See mit einem Aufbruch in unbestimmte Landschaften. Die Worte Himmel, Berge, Meer, drei von der Höhe in die Tiefe absteigende Chiffren für Weite, füllen jeweils eine Zeile aus und öffnen den Text auch optisch. Von Anfang an – erinnerte Intimität gegen projizierte All-Erfahrung – ist eine dialektische Struktur gegeben. Sie wird das Gedicht im Fortlauf prägen (und erinnert an Brechts »Vergnügungen«, Verse, die Inge Müller gekannt haben mag). Das lyrische Ich will noch einmal sehen: »Arbeiter und Landstreicher/ Äcker und Großbauplätze/ Städte am Morgen und bei Nacht«. Dieser Blick auf Zivilisation und Kultur in ihrer ganzen Spanne mündet in die Figur des Chinesen, der, obwohl schon alt, sich noch um eine Alphabetisierung bemüht, und zwar – wieder ein dialektischer Umschlag – an der Hand seines Enkels.

Vom alten Lernenden schwenkt die Perspektive nun in die Totale; der Blick aus dem Flugzeug (und damit aus dem Himmel) sieht auf die »Haut der Welt«. Mit diesem schönen Körperbild wendet sich der Text zurück zum anfänglichen Ich: »Da werd ich viel zu glücklich sein/ Zum Sterben.«

Der Ton der Verse spielt mit der Umgangssprache, sie scheinen einfach gesagt. Die unmittelbare Freude am Leben, die Möglichkeit, durch Lesen und Schreiben das Dasein zu intensivieren, hebelt den wahren menschlichen Skandal aus: sterben zu müssen. In der Antizipation des glücklichen Moments steht die Zeit, die dem Sterben entgegenläuft, unverhofft still.

Ort für diese Erfahrung ist das Gedicht.

Im Spätsommer 1953, während eines Autorentreffens in Berlin, hatte die 28-jährige Inge Schwenkner den vier Jahre jüngeren Heiner Müller kennengelernt. Nach der Scheidung von ihrem ersten Mann, dem Vater ihres Sohnes Bernd, lebte die angehende Schriftstellerin damals mit dem Direktor des Zirkus Busch in einer privilegierten Wohnlage am Lehnitzsee. In der trügerischen Hoffnung, seine Frau durch Großzügigkeit halten zu können, ließ Herbert Schwenkner den jungen Liebhaber einziehen. Ein gutes Jahr später heiraten Inge und Heiner Müller. Das Haus beim See wird zum Treffpunkt für Künstler; Inge, eine auffallend schöne Frau, ist der Mittelpunkt des Freundeskreises. In »Wenn ich schon sterben muß« klingt das Echo dieser erfüllten Tage nach.

Wem der Tod nah ist, der wird leicht lebensmutig; bald beginnt sie eine Liebesbeziehung zu Heiner Müllers 16-jährigem Bruder Wolfgang. Sie schreibt erfolgreiche Kinder- und Jugendbücher und entwickelt sich zur kongenialen Partnerin ihres Mannes. Preisgekrönte Hörspiele und Theaterstücke entstehen.

Da Heiner Müller dem Theater näher sein will, zieht das erfolgreiche Paar nach Berlin-Pankow; damit verliert Inge den See, den Wald, die Natur, die sie stützt.

Im Unterschied zu ihrem Mann, den sie liebt, in dem sie ein Genie bewundert, kann sie sich nicht mit den Verhältnissen in der zunehmend repressiven DDR arrangieren. Auch fehlt ihr der Wille zur Karriere. In den letzten krisenhaften Jahren schreibt sie zunehmend Gedichte. Sie thematisieren keinen fortschrittsgläubigen Aufbruch im Sozialismus, sondern bemühen sich um die Aufarbeitung der persönlichen Kriegserfahrungen. Inge Müller wird die suchende Stimme der Stunde Null.

Sie ist nicht zu glücklich zum Sterben. Immer wieder möchte sie sich das Leben nehmen. Am 1. Juni 1966 gelingt es. Inge Müller wurde 42 Jahre alt. Posthum eliminierte Heiner Müller, wo irgend möglich, ihren Namen aus ihren gemeinsamen Arbeiten.

V. Sprachen der Reportage

Weit über die Grenzen der Fiktion hinaus.
Bruce Chatwins Flirt mit der Welt

> Ihr Glas, gefüllt mit purem Wodka, stand auf dem weißen Damasttischtuch. Hinter dem Abdruck des Lippenstifts schwamm eine Zitronenscheibe zwischen den Eiswürfeln. Wir saßen nebeneinander auf einer Bank. – »Worüber schreibst du gerade, Bruce?« – »Wales, Diana.« – Die Unterlippe schoß nach vorn. Ihre geschminkten Wangen schwenkten in einem Winkel von neunzig Grad herum. – »Wale!« sagte sie. »Blauwale ... Pottwale ...! DER WEISSE WAL« – »Nein ... nein, Diana! Wales! Das walisische Wales! Das Land im Westen Englands« – »Oh! Wales. Ich KENNE Wales. Kleine graue Häuser ... mit Rosen bedeckt ... Im Regen ...«

»Ein Abendessen mit Diana Vreeland« heißt dieser kurze Text, obwohl nur von Wodka die Rede ist und die große alte Dame der New Yorker Modewelt nicht weiter vorgestellt wird. Sie erscheint über Lippenstiftspuren und Wangenrouge. Präsent aber ist sie, weil sie imaginiert. Die englische Vokabel »Wales«, ein Teekesselchenwort für das Land Wales und die Tierfamilie der Wale, wird zur Initialzündung ihrer Phantasie. Über ein Wort erfindet sie für den Moment die Wirklichkeit, die für beide gilt: den weißen Wal oder die walisischen Rosen im Regen. Zelebriert wird, auf dem weißen Damasttischtuch und bei purem Wodka, ein kleines Abendmahl der Phantasie.

Die Szene erschien 1982, der Autor, Bruce Chatwin, ist zweiundvierzig Jahre alt und beendet sein drittes Buch. Es heißt nach einem walisischen Hügel »Auf dem schwarzen Berg« und erzählt die Geschichte von Zwillingsbrüdern, die auf ihrer Farm das komplizierte Glück eines symbiotischen Lebens führen. Spätere Leser werden sagen, daß sich Chatwin in diesem Buch mit seiner nie ganz offen gelebten Homosexualität auseinandersetzt.

»Ein Abendessen mit Diana Vreeland« erscheint noch einmal sieben Jahre später. Kurz vor seinem Tod im Januar 1989 stellt Bruce Chatwin einen Sammelband früherer Arbeiten zusammen. Dieser Nachlaß zu Lebzeiten versammelt journalistische Texte, die meist für das Sunday Times Magazine geschrieben worden waren. Der Autor nennt sie »Fragmente, Geschichten, Portraits, Reiseerzählungen« und gibt ihnen einen existentiellen Titel: »Was mache ich hier«. Für das Buch hat er seine Texte überarbeitet und erklärt in einem Vorwort:

> Ich habe Veränderungen vorgenommen: einige, um Wiederholungen zu vermeiden, andere, um schlechte Prosa zu vermeiden, wieder andere, um redaktionelle Verstümmelungen rückgängig zu machen. Das Wort »Geschichte« soll den Leser darauf aufmerksam machen, daß, wie sehr die Erzählung auch den Tatsachen entsprechen mag, ein Prozeß der freien Erfindung stattgefunden hat.

In der Spanne von Tatsache und Erfindung entwickelte Bruce Chatwin eine eigene literarische Mischform, die, wie er zeigte, zwischen Roman und Reisebericht, impressionistischer Skizze und Portrait, ethnologischer Studie und Reportage spielerisch wechseln kann. Was allen seinen Texten gemeinsam bleibt, ist ein Insistieren auf dem harten Kern erlebter Realität. Schon die ersten Lieblingslektüren des Kindes waren keine rein fiktiven Geschichten, sondern Expeditions- und Reiseberichte mit dokumentarischem Charakter. Jules Verne etwa habe ihm nie gefallen, »weil ich glaube, daß das Wirkliche stets phantastischer ist als das Phantastische«. Aber seine Lektorin Susannah Clapp erinnert sich zugleich an ein Wort, mit dem er relativierend den anderen Pol seines Schreibens benannte: »Ich halte nichts davon, mit der Wahrheit herauszurücken.«

Der Engländer Bruce Chatwin, geboren im Kriegsmai 1940, stirbt mit 48 Jahren am 18. Januar 1989 in Nizza an Aids. Obwohl er einen flammenden Artikel für die Unterstützung von Aidskranken schrieb, hat er bis zuletzt versucht, seine Krankheit als eine seltene exotische Ansteckung zu deklarieren. Er sprach unter anderem von einer Virusinfektion, die er sich in einer Fledermaushöhle auf Bali zugezogen habe, oder von einer Erkrankung durch das Verspeisen eines schwarzen 1000-jährigen Eis im Süden Chinas. »What am I doing here« erscheint posthum bei Jonathan Cape in London; ein Jahr später gibt der Carl Hanser Verlag eine leicht gekürzte deutsche Fassung heraus. Zu diesem Zeitpunkt ist Bruce Chatwin, der mit 36 Jahren sein erstes Buch schrieb und zu Lebzeiten gerade fünf Bücher veröffentlicht hat, bereits ein Mythos. 1997 erscheint eine erste Biographie: »Mit Chatwin«. Es sind die Erinnerungen seiner Lektorin Susannah Clapp, die die überquellenden Manuskripte und ihren exzentrischen Autor betreute; drei Jahre später kommt die Biographie des Freundes und Schriftstellers Nicholas Shakespeare heraus. Das Buch ist das 800 Seiten starke Ergebnis einer siebeneinhalbjährigen Recherche. Nicholas Shakepeare führte 50 Interviews in 22 Ländern auf fünf Kontinenten. Wie schon das Buch von Clapp wurde es sofort ein Publikumserfolg. Warum das alles? Warum so viel Aufmerksamkeit für einen Autor, der letztlich Reporter war und hauptsächlich Reiseliteratur geschrieben hat?

> Ich fuhr über die Magellanstraße nach Feuerland. An der Nordküste der ersten Meerengen stand ein Leuchtturm, orangerot und weiß gestreift, hoch über einem Strand, der mit kristallhellen Kieselsteinen, lila Muscheln und zerbrochenen scharlachroten Krebsschalen übersät war. Am Wasserrand durchsuchten Austernfischer mit ihren langen Schnäbeln die rubinroten Algen nach Schalentieren. Die Küste Feuerlands war ein aschgrauer Streifen, kaum drei Kilometer entfernt.
> Vor einem Restaurant, einer Blechbude, stand eine Reihe von Lastwagen. Sie warteten auf die Flut, die die beiden Fährschiffe für die Überfahrt wieder flottmachen würde. Drei alte Schotten standen in der Nähe. Sie hatten rosageäderte himmelblaue Augen, und ihre Zähne waren bis auf ein paar kleine bräunliche Stümpfe abgefault. Im Restaurant saß eine kräftige, dralle Frau auf einer Bank und kämmte sich das Haar, während sie sich von ihrem Begleiter, einem LKW-Fahrer, Mortadellascheiben auf die Zunge legen ließ.

Das waren neue Farben, das war ein neuer Ton, der süchtig machen konnte. Es war der scheinbar kalte Blick auf scheinbar nichtssagende Details. Auf einmal waren nie gesehene Einzelheiten die Hauptfiguren von verheißungsvollen Geschichten. Chatwins Prosa schien Leben pur zu sein, ein hochprozentiges Destillat, gereinigt von all dem Überflüssigen, das das Leben sonst ausmacht. In einem Nachruf hat Hans Magnus Enzensberger, der den todkranken Schriftstellerkollegen noch in Nizza besucht hatte, ein Resümee gezogen: »Man wird sich an Chatwin als an einen Geschichtenerzähler erinnern (und als solcher wird er auch vermißt werden), einen Geschichtenerzähler, der weit über die Grenzen der Fiktion hinausgeht.« Das ist nur scheinbar ein Paradox.

Normalerweise sind wir gewohnt, von den Grenzen der Realität zu sprechen, die die künstlerische Vorstellung, die Erfindungsgabe überschreitet. Wir vergessen dabei, daß auch das reine Phantasieren Grenzen hat; sie liegen in seiner Unverbindlichkeit. Was nur ausgedacht ist, muß mit uns nichts zu tun haben. Der Reisende Bruce Chatwin hat nach Wirklichkeiten gefahndet. Unterwegs – oft zu Fuß, Schritt für Schritt – suchte er Antworten für sein Dasein. Das gab seinem Schreiben eine philosophische Dringlichkeit, auch da, wo er nicht direkt »mit der Wahrheit« herausrückte. Als Reporter interessierten ihn fremde, extreme, unmögliche Lebensformen. Der Autor, der einem Kinderglauben an die heilere Welt der Nomaden anhing, war sicher das Gegenteil von einem bildungsbeflissenen bürgerlichen Reiseschriftsteller. Tourismus, konnte er wettern, sei eine Todsünde, Wandern hingegen eine Tugend. Es war die ziemlich komplizierte Faszination des Einfachen, die den anspruchsvollen und radikalen Ästheten Chatwin anzog. Er trat auf wie ein Snob und träumte von der Askese. Als etwas, das schön war – intensiv, überraschend, echt –, schien das Leben gerechtfertigt. Und wo das Leben eben nicht schön war, gab es immer noch die

Möglichkeit, es erinnernd, erzählend in Kunst zu verwandeln. Man mußte nur an das Leben glauben.

»War es schön?« fragte mich ein Freund nach meiner Rückkehr. Nein. Timbuktu ist alles andere als schön, es sei denn, man findet zu Staub zerfallende Lehmwände schön – Wände von einem geisterhaften Grau, als hätte die Sonne jegliche Farbe aufgesogen. Dem durchreisenden Besucher stellen sich nur zwei Fragen: »Wo bekomme ich meinen nächsten Drink?« und »Warum bin ich überhaupt hier?« Und doch muß ich, während ich dies schreibe, an den Wüstenwind denken, wie er das grüne Wasser aufpeitscht, an das dünne, harte Blau des Himmels; an gewaltige Frauen, die in blaßblauen Boubous aus Kattun durch die Straßen schlingern, an die Fensterläden der Häuser mit demselben harten Blau vor schlammgrauen Wänden, an die orangeroten Laubenvögel, die ihre Nester in fedrigen Akazien flechten, an schwarze Gärtner mit schimmernder Haut, die Beete mit blaugrünen Zwiebeln liebevoll mit Wasser aus Lederhäuten begießen; an hagere, vornehme Tuareg, übernatürliche Erscheinungen mit ihren bunten Lederschilden und glänzenden Speeren, die Gesichter hinter indigofarbenen Schleiern verborgen, die ihre Haut wie Kohlepapier gewitterwolkenblau verfärben; an wilde Mauren mit Korkenzieherlocken; an Bela-Mädchen der uralten Sklavenkaste mit ihren festen Brüsten, nackt bis zur Taille, die mit Stößeln auf ihre Mörser einhämmern und mit monotonen Melodien den Takt dazu angeben; an monumentale Songhai-Frauen mit großen, korbförmigen Ohrringen, wie sie die Königin von Ur vor mehr als viertausend Jahren trug.

Bruce Chatwin, Sohn eines Anwalts und einer nicht berufstätigen Mutter, kam verhältnismäßig spät zum Schreiben.

Da sein Vater im Krieg als Marineoffizier wenig zu Hause war, verbrachte das Kind die ersten Jahre seines Lebens an der Seite der zärtlichen, aufmerksamen Mutter bei wechselnden Verwandten. Er war kein guter Schüler und begann mit 18 Jahren, da er sich für alte Möbel interessierte, sein Berufsleben als Botenjunge in dem Kunstauktionshaus Sotheby's. Er arbeitete zunächst in der Antiquitätenabteilung, bald in der neuen Abteilung für Impressionismus, die nach der legendären Oktoberversteigerung 1958 entstanden war. Bruce Chatwin machte schnell Karriere. Er verblüffte durch sein stilsicheres Auge. Mühelos erkannte er Fälschungen. Bald wurde er von Sotheby's auf Einkaufsreisen geschickt. Chatwin kaufte auch privat Kunst und handelte zwischenzeitlich mit Objekten. Susannah Clapp, die seine verschiedenen Wohnungen kannte, erwähnt immer wieder einzelne Dinge, mit denen er sich nun umgab und die die Entwicklung seines erlesenen Eigensinns zeigen:

> In der Mount Street stand ein Ming-Altartisch aus weißem Lack – eher schmutzigweiß wie das Parthenon statt glänzend –, und an der Wand darüber hing ein persischer Stoff, ein Stück Seide mit einem geometrischen Muster in ganz blaßblauen und beigefarbenen Tönen; es gab einen kleinen Bambushocker und einen Tisch mit einer Glasplatte. Man sah kaum rein dekorative Gegenstände: Ornamente und Durcheinander machten Chatwin nervös; er mochte Dinge, die einen Zweck und eine Geschichte hatten und nicht eindeutig künstlerisch waren. (...) Bruce's Geschmack behielt auch nach seinem Tod noch einen Einfluß auf seine Freunde: er brachte sie dazu, Dinge anders zu sehen, und er brachte sie dazu, andere Dinge zu sehen.

Bevor Bruce Chatwin literarische Prosa verfaßte, schrieb er Artikel für die Auktionskataloge von Sotheby's. Hier mußte jedes einzelne zum Verkauf angebotene Objekt möglichst genau und auch attraktiv vorgestellt werden. Wichtig dabei war festzustellen, woher ein Gegenstand kam. Denn der Wert eines Kunstwerks liegt nicht zuletzt in seiner Geschichte. Indem Chatwin immer mehr dazu überging, sich dem Alltag mit dem Blick des Auktionators zu nähern, wurde er zum Schriftsteller.

Seine Frau Elisabeth äußerte einmal, daß für ihn Gänse leicht Schwäne waren. Mit einem Auge, das verwandeln konnte, machte er aus seinen Augenblicken Preziosen. Er gab dem Gesehenen den Glanz des Sammlerglücks.

Neben dem Glauben an die Nomaden, denen er sein Australienbuch »Songlines«, »Traumpfade«, widmet, ist es bezeichnenderweise auch die Gegenfigur des Sammlers, die im Zentrum seines letzten Buches »Utz« steht. Recherchierend und schreibend war Chatwin Nomade und Sammler zugleich.

Bruce Chatwin ist viel photographiert worden. Er hatte jene Attraktivität, die auf Männer wie auf Frauen gleichermaßen wirkt. Er wußte darum und setzte sie ein. Der Photograph Don McCullin erinnert sich: »Als ich die Tür erreichte, schwang diese plötzlich auf und gab den Blick auf Chatwin frei, der wie Miss World dastand. Er sah aus, als hätte er einen Laden betreten und gesagt: ›Ich möchte das schönste Lächeln, die schönsten Augen und das schönste Haar‹.« Und vermutlich hatte er all das bekommen. Immer wieder wurden die »verrückten, verrückten Augen eines Entdeckungsreisenden aus dem neunzehnten Jahrhundert«, seine blauen Augen erwähnt, seine exquisite Kleidung, das ganze Strahlen des blonden, schlanken Mannes, der bis zum Ausbruch seiner Krankheit – er war Mitte vierzig – nie älter als 35 Jahre aussah. Miranda Rothschild, eine langjährige Vertraute und kurzfristige Geliebte, formuliert gelassen: »Man denke an das Wort ›charmant‹. Man denke an das Wort ›Verführung‹. Man denke an Verführung als Antriebskraft, um die Gesellschaft zu erobern. Er war darauf aus, alles zu verführen, und es spielte keine Rolle, ob es sich um einen Mann, eine Frau, einen Ozelot oder einen Teewärmer handelte.«

Wer einen Stein aufhebt, verändert den Stein. Er belädt ihn mit seiner Aufmerksamkeit. Sammler sind Menschen, die Dinge aufheben. Sie gehören in die Gattung der Liebenden. Für sie ist schön, was zu sammeln sie sich entschlossen haben. Bruce Chatwin hat Wellblechhütten photographiert, als seien es avantgardistische Paläste. In einem chinesischen Billigteller aus maschinell bedrucktem Emaille konnte er Anklänge an den russischen Futurismus entdecken. Der in seiner Krankheit schon von Visionen gehetzte Chatwin benannte das Material eines kultischen Messers der australischen Aborigines als »eine Art Wüstenopal« von wunderbarer Farbe, »fast die Farbe von Chartreuse«. Es war die kunstvoll zurechtgeschliffene Scherbe einer Bierflasche. Unter seinem Blick wurden übersehene Dinge kostbar. Wie ein Liebender veränderte er das Objekt seines Begehrens. Seine Texte sind ein großangelegter Flirt mit der Welt. Das Tröstende, das Versöhnliche, das noch von seinen krudesten Beschreibungen ausgeht, ist ein großes Trotzdem, das – und wäre es nur als ein Gegenzauber – verspricht, daß das Leben schön ist.

> Am Tag zuvor war ich den Nonnen des Klosters Santa Maria Auxiliadora bei ihrem Samstagsausflug zur Pinguinkolonie auf Cabo Virgenes begegnet. Ein ganzer Bus voller Jungfrauen. Elftausend Jungfrauen. Rund eine Million Pinguine. Schwarz und weiß. Schwarz und weiß. Schwarz und weiß.

Die fünf Bücher Chatwins spielen in fünf Weltgegenden und überschreiten die Gattungen. Sein erstes Buch »In Patagonien«, das den Ausflug auf die Pinguininsel festhält, erzählt von Feuerland und den walisischen Auswanderern, aber es thematisiert auch die Sehnsucht des Jungen Bruce nach einem Stück Faultierhaut. Noch vor den Kunstobjekten bei Sotheby's beeindruckten ihn als Kind seltsame Dinge in einer Wohnzimmervitrine seiner Großmutter. Hier lag, hinter Glas neben anderen persönlichen Erinnerungsstücken, ein schrumpeliges Stück Haut mit rötlichen Borsten. Ein nach Feuerland gereister Cousin hatte es einst mitgebracht. Für das Kind, dem man sagte, es stamme von einem vorzeitlichen Tier, war es eine Verheißung gewesen. »Nie in meinem Leben habe ich mir etwas so sehr gewünscht wie dieses Stück Haut. Meine Großmutter sagte, eines Tages würde ich es bekommen, vielleicht.« Als das »Stück von dem Brontosaurus« dann beim mütterlichen Aufräumen verlorenging, hinterließ es den Sog der Sehnsucht.

Auf dem Höhepunkt seiner Karriere bei Sotheby's bricht Chatwin überraschend nach Patagonien auf: Jetzt war der Zeitpunkt gekommen, um nach einem Ersatz zu suchen. In einem Interview erklärte er später, wer schreibe, müsse ein Ziel haben, und wenn er keines habe, so müsse er eines erfinden. Vielleicht war das Stück borstige Haut auch ein literarisches Symbol für einen, der ausgezogen war, sich nun mit Haut und Haar in eine andere Existenz aufzumachen. Und Patagonien war als Ziel nicht schlecht: Es war der entfernteste Ort der Erde.

Chatwins Prosa macht ernst mit der Tatsache, daß jedes Erzählen über die Welt letztlich fiktiv ist. Sprache, wenn sie stilistisch über den Wetterbericht hinausgeht, erzeugt und lenkt Vorstellungen. Der Erzähler, der eine wahre Geschichte erzählt, ist ein Übersetzer. Er übersetzt aus der Komplexität des erlebten Augenblicks in eine sprachliche Struktur. Erzählen kann das Leben verständlich machen, weil es auswählt und damit vereinfacht. Erzählen heißt über den erzählenswerten Ausschnitt entscheiden, heißt pointieren, dramatisieren, dem Erlebten eine Form geben. Die romantische Vorstellung, es schlafe ein Lied in allen Dingen, das der Dichter zum Klingen bringen könne, ist dem modernen Reporter Bruce Chatwin nicht fremd. »Songlines« folgt den mit Legenden belegten Nomadenwegen der Ureinwohner Australiens. Die »songlines« sind reale Pfade, die mittels der Lieder memoriert und gewandert wurden. Für die Nomaden »singt« die Welt und kann gesungen werden. Sie leben in einer Korrespondenz von Gehen und Singen, von Armut und Fülle.

Bruce Chatwin glaubte an das Leben der Nomaden und hielt sich doch auffallend häufig in den wechselnden Villen seiner reichen Freunde auf. Er predigte die Besitzlosigkeit und sammelte Kunst. Er liebte seine Frau und lebte weder monogam noch besonders oft mit ihr zusammen. Er sah provozierend gut aus und starb mit 48 Jahren, von Aids entstellt. W.G. Sebald hält dieses letzte Bild fest: »In den Aufzeichnungen eines Fernsehinterviews, das Chatwin nicht lange vor seinem Ende gegeben hat, erblicken wir ihn, abgemagert bereits bis auf die sprichwörtlichen Knochen und mit weit, grausig weit aufgerissenen Augen, wie er mit einer unschuldigen Passioniertheit sondergleichen erzählt von seiner letzten erfundenen Figur, dem Prager Porzellansammler Utz. Es ist dies die erschütterndste Epiphanie eines Schriftstellers, die ich kenne.«

Er war voller Widersprüche; und Widersprüche zogen ihn an: als eine Chance. Sein letzter Held, der triebhafte Sammler Utz, zerschlägt am Ende seine Porzellansammlung und überläßt sie der Prager Müllabfuhr. Er will nicht mehr den Liebesersatz. Mit den Scherben gibt er auch seine wechselnden Gespielinnen auf und heiratet seine Haushälterin, die seit Jahren auf ihn hofft. Er macht sie zur Baronin von Utz. Das ist ein Märchenstoff, von Chatwin wie eine Reportage erzählt.

Kurz vor seinem Tod läßt sich Bruce Chatwin in den orthodoxen Glauben initiieren. Nach einem griechischen Gedenkgottesdienst bringt seine Frau Elisabeth, wie er es wollte, die Asche nach Griechenland auf die Peloponnes. Als Gast des Schriftstellers Patrick Leigh Fermor hatte er hier in Kardamyli auf der Mani an den »Songlines« geschrieben; sein Lieblingsort war ein auf der Anhöhe gelegenes byzantinisches Kirchlein aus dem zehnten Jahrhundert in einem Olivenhain gewesen. »Der Boden war zu hart«, erinnert sich Patrick

Leigh Fermor, »um die Asche einzugraben. Deshalb hoben wir unter einem Olivenbaum sehr dicht bei der Kirche mit dem Spatel ein Loch aus, schütteten Bruce's Asche hinein, gossen Retsina als Trankopfer dazu und sprachen ein griechisches Gebet: ›Möge die Erde leicht auf ihm ruhen, und möge die Erinnerung an ihn ewig andauern.‹ Dann aßen wir ein Picknick, was ihm wahrscheinlich gut gefallen hätte.«

Das Profane ist das Heilige. Patrick Leigh Fermors Griechenland

Sommer 1952. Ein englischer Reisender macht sich zu Fuß von Sparta auf. Sein Ziel ist die südlichste Spitze des kontinentalen Griechenlands. Er möchte in die Mani, jene gebirgige, schwer zugängliche mittlere Landzunge der Peleponnes. Sparta gleißt in der Mittagshitze. Bevor der Fremde die Stadt verläßt, führt ihn ein Ortskundiger zu einem graecoromanischen Mosaik. Es ist das letzte Restchen Altertum, das im modernen Sparta überdauert hat. Unter einer improvisierten Abdeckung tritt man einige Schritte hinunter und steht vor einem staubigen Fußboden. »Mit einem Schnicken des Handgelenks« leert der Begleiter einen Wasserkrug über die stumpfe Fläche – und die Metamorphose beginnt:

> Das Wasser zerfiel zu einem großen schwarzen Stern, und während es sich bis zu den Rändern ausdehnte, zeichneten sich Umrisse ab, erwachten Farben zum Leben und tauchten entzückende Szenen herauf. Orpheus, eine phrygische Mütze auf dem Kopf, zupfte an seiner Lyra inmitten einer hingerissenen Menagerie von Kaninchen, Löwen, Leoparden, Hirschen, Schlangen und Schildkröten. Dann trieb, verweichlicht-grazil wie Antinous, Achilles an die Oberfläche im Kreise der Frauen von Skyros. Im nächsten Raum zauberte ein weiterer Wasserguß neue Herrlichkeiten herbei: Europa – lieblich, gleichsam im Stil Canovas, mit herab-

hängenden Schultern und Wespentaille, schwerschenklig, langbeinig – ritt im Damensitz auf dem Rücken eines stolzen Stiers, der, Richtung auf Kreta nehmend, machtvoll die Wogen zerteilte. »Wie Zeus sich freut, daß er sie auf dem Rücken hat«, bemerkte der Mann. »Sehen Sie nur, er lächelt still vor sich hin.« Als wir gingen, trocknete das Wasser auf den ersten Mosaiken bereits wieder, seine Blumen und Gestalten und Tiere waren im Begriff, erneut in die Unsichtbarkeit zurückzutauchen.

Diese Szene eröffnet nicht zufällig das große Griechenlandbuch des irisch-englischen Schriftstellers Patrick Leigh Fermor: »Mani. Reise ins unentdeckte Griechenland.« Sie verrät ein heimliches Programm. Die uralten Muster und Mythen erscheinen unter dem Staub nur für einen kühlen, leuchtenden Moment. Der Guß über den staubigen Boden wird zum Zeichen für die Initiationen des Reisens und Schreibens selbst. Das Wasser setzt frei. Aus dem irdenen Krug hingeschüttet, wird es zum Wasser der Aufmerksamkeit, das in der scheinbar vagen Oberfläche jahrtausendalte Strukturen und Botschaften entdeckt. Und es wird zum Wasser des Erinnerns, das im diffusen Erleben glänzende Momente öffnet.

Als Patrick Leigh Fermor 37-jährig über das Taygetos-Gebirge in das bitter-schöne Land der Manioten wanderte, war er in seiner Heimat bereits ein preisgekrönter Autor und eine Kultfigur. Er hatte mit »The Traveller's Tree« ein wunderbares Karibik-Buch geschrieben, und er war als Kriegsheld gefeiert worden. Knapp zehn Jahre zuvor war er als britischer Offizier mit dem Fallschirm über Kreta abgesprungen. In der Verkleidung eines Hirten agierte er zwei Jahre lang auf der von deutschen Truppen besetzten Insel als englischer Verbindungsmann unter den griechischen Partisanen. 1944 gelang unter seiner Regie die spektakuläre Entführung des Wehrmachtsgenerals Kreipe mitten aus dem deutschen Hauptquartier, eine Geschichte, die verfilmt wurde und in verschiedene englische und griechische Kriegslegenden einging. In seinem Buch »Rumeli. Griechische Erinnerungen« sollte er später über den radikalen Alltag im Untergrund schreiben:

> Ich sehe uns: verstreut zwischen den Olivenbäumen vorspringen, hinter Felsen und Mauern feuern, dann wieder vorwärtsstürmen; über Verwundung fluchen; manchen stoisch sterben; auf der Flucht vor aufflammenden und explodierenden Dörfern Rache-Versprechen durch die Zähne hervorstoßen; ergriffene Verräter auf einem einsamen Plateau exekutieren; in friedlichen Momenten unter dem großen Platanenbaum eines Dorfes gelockert sitzen; in riesigen Körben Weintrauben ernten, den Wein mit den Füßen auspressen; den Frauen im Herbst zuschauen, wie sie die Oliven mit Schilfstangen von den Zweigen schlagen und die Beeren unter Geschnatter auf die unten ausgebreiteten großen Dekken schütten; Mulis mit Käselaiben so groß wie Mühlsteine beladen; Staubwolken beim Tanz zur Raserei der Lyra aufwirbeln; uns um Mitternacht in einer Kirche versammeln, mit aufgestellten Wachtposten, während ein verbannter Fremder den Taufpaten für das Kind eines Freundes stellt; nachher auf einem Dach festlich schmausen und die Pistolen in die Luft leerfeuern, damit es dem eben getauften kleinen Mädchen Glück bringe.

Die kretischen Widerstandskämpfer lebten versteckt im Gebiet der Weißen Berge und der Nida-Hochebene. Sie hausten bevorzugt in Höhlen, die sie gewöhnlich nur nachts verließen. Wo es ging, mieden sie die Dörfer. Man wollte, was durchaus nicht gelang, die Zivilbevölkerung vor der Rache der deutschen Okkupanten schützen. Wenn der Mond über Kreta aufging, wurde er zur Sonne der Partisanen:

> Und eine neue nächtliche Reise begann. Das war manchmal eine Karawane von Mulis, mit Waffen und Sprengmitteln beladen, die vom Himmel herabgefallen oder in einer abgeschiedenen Bucht ausgeschifft worden waren; manchmal steuerten wir ein Plateau an, wo, nach Tagen des Aufschubs, das flüchtige Geviert unserer Freudenfeuer frische Verpflegung erhalten würde; sie schlug dann rund um uns dumpf auf, es sei denn, eine Fehlberechnung oder ein plötzlicher Wind oder eine Verwechslung von Landezeichen im Auge des Piloten verstreute sie unter den Feind. Viel öfter wurden solche Fahrten nur wegen eines Kameraden unternommen. (…) Die Dörfer, durch die wir mit unseren gespannten Gewehren heimlich schlichen, lagen schweigend und unwirklich wie Fiktionen aus Schnee und Elfenbein. Auf Zehenspitzen gingen wir unter ihren Bögen und in schmale Gassen hinunter, die sich in Papier-Fächern ähnelnden Stiegen um die Ecken wanden. (…) Manchmal lagen wir flach mit angehaltenem Atem in einer Kaktus-Gruppe oder unter Felsblöcken oder unter einem Bogengang gegen eine Mauer gepreßt, bis der Fußtritt einer feindlichen Patrouille sich verlor; da spürten wir, wie die Steine, der Staub und das weiße Pflaster von den Tagesstunden der Hochsommersonne noch warm waren. (…) Wir erreichten unsere Treffpunkte vor Tagesanbruch; eine verfallene Windmühle, ein kleines Kloster mit wenig Mönchen, streitbaren Brüdern, eine einsame Kapelle, eine runde Tenne zum Dreschen, oder einen einzelnen Ziegenstall auf einer hohen Kante. Es gab Losungswort und Antwort, ein

> Scharren von Schuhnägeln auf Felsen und ein Klirren von Waffen, wenn dunkle Gestalten undeutlich schimmernd sich aus den Schatten ins Mondlicht erhoben; dann Grüße und viele bärtige Umarmungen.

Ein Reisender, auch ein reisender Schriftsteller, ist kein Partisan. Und doch wird Fermor immer das Ferment des Untergrundkämpfers in sich tragen. Die Erfahrung des Elementaren – Erde, Wasser, Luft, Licht – und eine immer erneute Verwunderung über das eigene Dasein, wie sie nur Überlebende kennen, prägen noch die Schriften des Wanderers in Friedenszeiten. In Fermors Fähigkeit, Landschaften zu lesen, und seiner Leidenschaft für abseitige oder verwischte Spuren bleibt allenthalben das hellwache Sensorium des kretischen Grenzgängers spürbar. Fermor reist weiter als ein Ausgesetzter, der in der Fremde nichts selbstverständlich findet und dem die flüchtigen Freundlichkeiten von getauschtem Wasser und Wein deshalb zu Offenbarungen werden können. Jene Augenblicke ursprünglicher Verbrüderung im Zeichen des Einfachsten sind die Epiphanien, auf die seine Texte zuhalten.

1933 bereits, er hatte kaum die Schule beendet, war Patrick Leigh Fermor, Sohn einer adligen irisch-englischen Familie, zu einer transkontinentalen Wanderung aufgebrochen. Er war damals 18 Jahre alt. Zu Fuß durchquerte er das Vorkriegseuropa von Rotterdam bis nach Konstantinopel. Die Reise dauerte vier Jahre und endete in Athen. Hier lernte er eine rumänische Malerin kennen. Sie lud den merkwürdigen jungen Mann nach Moldawien ein, auf das Schloß ihrer Familie, und führte ihn in die byzantinische Bibliothek. Der

Wanderer sah sich um und blieb. Die nächsten zwei Jahre verbrachte Patrick Leigh Fermor lesend.

Für seine Bücher über die Jugendwanderung fand er erst im Alter Zeit. »A Time of Gifts« erschien 1977; »Between the Woods and the Water« fast zehn Jahre später, 1986. Sie behandeln die ersten Etappen von Holland bis Ungarn und von dort bis in die Karpaten. Der über 90-Jährige, der bislang nur von Hand schrieb, lernte Maschinenschreiben und arbeitete bis zu seinem Tod 2011 am Abschlußband der Trilogie. 2013 erschien – parallel auf Englisch und Deutsch – »Die unterbrochene Reise«. Der Band blieb unvollendet; im Text erreichte er noch die bulgarische Stadt Burgas, 50 Kilometer vor der türkischen Grenze.

Da Patrick Leigh Fermor im deutschen Sprachraum lange als Sachbuchautor galt, blieb ihm hier, anders als in England, großer literarischer Ruhm versagt. Er lehnte es stets ab, als Reiseschriftsteller bezeichnet zu werden. Er sei ein Schriftsteller, der reist. Reisen war ihm, wie Schreiben, ein Mittel der Erkenntnis und Intensivierung. Sein Preis war ein unerbittliches persönliches Sich-Aussetzen, sein Lohn konnte jenes dankbare Staunen sein, wie es den Autor immer wieder überwältigt und für das er einmal an einer abendlichen Bucht den einfachen Satz fand: »Welch wundersames Ding ist dies – mein Leben.«

Für Fermor sind das griechische Licht und seine Schatten, griechische Ruinen und unbehauene Steine essentielle Substanzen. Sie setzen Kreativität frei und versetzen in das Fluidum eines anderen Zustands. Noch die Luft kann er als körperhaft empfinden:

> Die Luft in Griechenland ist nicht nur eine negative Leere zwischen festen Gegenständen; das Meer selbst, die Häuser, Felsen, Bäume, auf die sie drückt wie eine Gallertform, liegen in ihr eingebettet; sie ist lebendig und positiv und flüchtig. Man ist sich ihrer Berührung bewußt, als könnte man Namen und Herzen in sie einritzen, sie handvollweise greifen, nach Elektrizität anzapfen, in Flaschen abfüllen, als Sprengmittel benutzen, anzünden, mit einer Schere in glitzernde Würfel und Rhomboide schneiden, mit der Stoppuhr messen, mit Perlen behängen, wie eine Saite zupfen oder wie eine Glocke läuten, als könnte man darin schwimmen, sie mit Treppen versehen und wie an einer Strickleiter an ihr hinaufklettern oder Heilige im Flammenwagen durch sie emporfahren lassen; als ließe sie sich zur Parteinahme überreden, belauschen, mit Stößel und Mörser zu Kokain zerstampfen, aus einem Ballettschuh trinken oder spinnen, weben und an hohen Festtagen tragen oder zu Linsenscheiben schneiden, zu Geld münzen oder mit äußerster Vorsicht zu Globen aufblasen.

Sein Kultbuch »Mani. Reise ins unentdeckte Griechenland« folgt zwar in seiner Struktur einer konkret unternommenen Wanderung, es ist aber, wie Fermor warnt, »in gewissem Sinn das Gegenteil eines Reiseführers«. Fermor hat »Mani« auch als ein »Trojanisches Pferd« bezeichnet, in das er, wie in seinem zweiten Griechenlandbuch »Rumeli«, Eindrücke und Fragen vieler Reisen und Studien versteckte. Der Autor ist gleichermaßen fasziniert von der griechischen Antike wie vom christlich-orthodoxen Griechentum. Von hier gehen zwei sich widersprechende Traditionslinien aus, die er im modernen Griechenland auf komplizierte Weise miteinander verflochten sieht. Fermor nennt es das »hellenisch-romäische Dilemma«.

Als Konstantin eine zweite Hauptstadt für das Spätrömische Reich gründete, war Konstantinopel nicht als Nachfolgerin der alten Metropole am Tiber vorgesehen, noch weniger als Ersatz oder Rivalin. Dieser Emporkömmling von Stadt war die Zwillings-Hauptstadt eines ungeteilten Staates. Aber innerhalb von sechzig Jahren regierten verschiedene Kaiser als Partner in der Verwaltung über diese zwei Regionen. Die östliche Stadt dehnte sich aus; die westliche, von Barbaren besetzt, ging unter; und in weniger als einem Jahrhundert wurde sie von den Goten aus Versehen beinahe ausgelöscht; diese hinterließen das Reich seiner westlichen Hälfte beraubt, aber noch einmal einer einzelnen Stadt unterworfen, dem Neuen Rom an den Ufern des Bosporus. Und so blieb es bis 1453, als es von den Türken zerstört wurde. Die östliche überlebte die amputierte westliche Hälfte mit zwölf Dynastien, vierundachtzig Kaisern und um gerade knapp tausend Jahre.

Die Welt, in der Byzantium – Konstantinopel – Neu-Rom aufwuchs, war griechisch. Griechisch waren die überlebenden römischen Bürger und bald auch die Kaiser. Athen war untergegangen, und Konstantinopel war nun das Herz und die Mitte des Griechentums. Als der theologische Streit über den Heiligen Geist Ost und West trennte, wurde die jüngere Kaiserstadt auch die Metropole des Ostchristentums und blieb es für seinen ganzen tausendjährigen Zeitraum. So waren, für eintausend Jahre, die Griechen »Romaioi« – Römer – so gut wie Hellenen; und das Wort »Romaioi« bedeutete bald: ein Untertan des Reichs und ein orthodoxer östlicher Christ.

Als sich nach der 500-jährigen Türkenherrschaft die befreiten Griechen wieder auf eine Identität besinnen sollten, waren es vor allem Wissenschaftler und Gelehrte, auch ausländische Philhellenen, die das antike Hellas als unmittelbaren Anknüpfungspunkt an »eigene« Traditionen anboten. Heute schlagen nun zwei starke Herzen in der griechischen Brust. Das hellenische und das romäische. Das hellenische schlägt für den marmornen Parthenontempel auf der Akropolis, das romäische aber für die kuppelmächtige Hagia Sophia in Konstantinopel.

So sehr Patrick Leigh Fermor die erlebte Gegenwart Griechenlands tatsächlich schrittweise abmißt und sensibel bleibt für den modernen Alltag, so deutlich ist er überall auf der Suche nach heimlichen Spuren aus Hellas und Byzanz. Man sieht ihn förmlich als kundigen Einheimischen, wie er in staubigen Wildnissen für den überraschten Leser den irdenen Wasserkrug ausschüttet und die Steine zum Blühen bringt.

Gerade in der rauhen, vom übrigen Griechenland durch die Berge und Schluchten des Taygetos-Gebirges abgeschnittenen Mani witterte Fermor noch Lebensformen und Bräuche, die direkt aus dem untergegangenen Byzanz oder dem mythischen Altertum zu kommen scheinen. Hier verknüpft er Alltagsbeobachtungen mit kulturhistorischen Abschweifungen, etymologische und kunstkritische Studien mit abenteuerlichen Vermutungen. In der heute noch aus dem Stegreif gesungenen Totenklage, bei der die schwarze Sängerin die langen Haare rauft und sich das Gesicht zerkratzt, kehrt die mythische Andromache zurück, die um Hektor trauert. In einem reusentragenden Fischer steht gelassen rauchend ein Nachfahre der letzten byzantinischen Kaiser am Straßenrand. Dann wieder verfolgt Fermor die durch Not und Geschlechterkämpfe zur Auswanderung gezwungenen Manioten bis in die Toskana der Medici oder nach Korsika und entdeckt, daß der Name des Geschlechts der »Kalomeros« die wörtliche Übersetzung von »Buonaparte« ist. Warum soll Napoleon kein Maniote gewesen sein? Und in den steifen, aus Ziegenhaar gewebten, ornamentalen Kegelkleidern der Sarakatsani-Frauen, die als letzte Nomaden durch Griechenland ziehen, entdeckt er frühe hellenische Vasenkunst. So ist Fermor niemals nur abstrakter Kritiker einer Gegenwartskultur, die besinnungslos Traditionen zerstört, sondern immer zugleich der Partisan des Vergangenen: ein Agent des kaiserlichen Byzanz, der mit den Göttern Griechenlands kollaboriert.

»Mani« und »Rumeli« sind konkret und subjektiv, geprägt durch die persönliche Anteilnahme an einem Land, das, den Mosaiken Spartas gleich, zum Zeitpunkt der Beschreibung im Begriff war zu verschwinden. Diese Bücher hatten immer schon elegischen Schmelz. Heute erscheint manches wie aus einer ganz anderen Zeit. Da gibt es die alten Arkadier in Faltenröcken, und es ist rührend zu lesen, wenn der Autor, nachdem er in mittelalterlichen, von der Blutrache erzählenden Geschlechtertürmen gespeist, unter Maulbeerbäumen und auf Dreschplätzen geschlafen, mit Hirten an Nereidenquellen die synkretistische Genealogie von Göttern und Geistern diskutiert hat, schließlich wieder in einem Hotelbett rauchend das hektische »Stadtleben« eines lakonischen Hafens erfährt:

> Zwei bösartige Rundfunkempfänger dröhnten in voller Lautstärke, (…) ein, zwei Auspuffrohre von Autos kamen hinzu, Stimmen, eine Schiffssirene, das Hufeklappern von Pferden und Eseln und das gelegentliche Beckengeräusch jener tragbaren Waagschalen, die Obst und Gemüsehändler wie Gerechtigkeitsstatuen in die Höhe halten.

Fermor sollte zum großen Vorbild der angelsächsischen Schriftsteller wie Paul Theroux und Bruce Chatwin werden. Souverän verkörperte er für sie den schreibenden Nomaden. Er hatte das besessene Auge des Ethnographen und den Sinn des Historikers für heimliche Traditionen. Er war ein Ästhet und Exzentriker. Er teilte die adlige Verachtung des Überflüssigen und hatte einen untrüglichen Sinn für die Qualität des Einfachen. Früh sah er die Gefahr von »unangemessenem Komfort« und den »rapiden Verschleiß tausender Dinge, die nie mehr ersetzt werden können«. Bereits 1966 schreibt er:

> Der Tourismus ist, wie eine Armee von Xerxes, der keine geistigen Thermopylen Widerstand geleistet haben, eingedrungen und hat das Land erobert. Wirtschaftler freuen sich: Einkünfte aus dieser Industrie wurden eine sehr benötigte – in Wirklichkeit die wichtigste – Quelle des Wohlstandes; zuerst freuten sich alle Freunde Griechenlands mit den Ökonomisten über die neue Prosperität; bis sie, wie viele nachdenkliche Griechen selbst, sich zu vergegenwärtigen begannen, wie erschreckend der zu zahlende Preis war in allem, ausgenommen Geld. Unterrichtet über die Verwüstung, die der Tourismus in Spanien, Frankreich und Italien verbreitet hat, klagen sie, daß dieser Herdentrieb, der das

Objekt seiner Zuneigung zerstört, sich nun Griechenland als sein jüngstes, schönstes, vielleicht zerbrechlichstes Opfer ausgesucht hat.

Fermor lesen heißt zwangsläufig über das schnelle Reisen nachdenken. Seine Impressionen und Abschweifungen sind ein wirksames Gegengift gegen die Kurzstrecken der Eventkultur. Sie machen aufmerksam auf die täglichen Sensationen zwischen Zitrone und Salbei, Fledermäusen und Ikonen, dem ionischen und dem ägäischen Blau, die auch einem Pauschalreisenden etwas sagen können. Wenn er ihre Kostbarkeit wahrnimmt, trägt er dazu bei, sie zu bewahren.

Fermor provoziert mit einer schrittweisen Langsamkeit. Er vermittelt, daß Erfahrung immer etwas mit Anstrengung zu tun hat – und sei es nur die Anstrengung der Aufmerksamkeit –, mit der Mühe des Wanderns. In diesem Sinn gibt es Autoren, die zu Pilgern werden müssen.

Fermor hat immer wieder Klöster aufgesucht. Er setzte sich dem strengen Leben aus, nicht als ein Gläubiger, sondern weil er über den Umweg ritualisierter Lebensformen »Licht«, »Friede«, »Glückseligkeit« für seine Arbeit fand. Der Wanderer, der Partisan und der Mönch sind die drei Figuren, die für die Wahrnehmungsweise dieses Schriftstellers stehen. Das immer wieder gesuchte »unentdeckte« Griechenland betrat er wie einen sakralen Raum. Noch jeder Ölzweig, der in der kargen Landschaft Früchte trug, war ihm heilig. Jede Geste konnte hier Segnung sein. Er sprach vom »Heiligenschein« des Blütenaromas, das Kreta umgab, und überblendete eine Oliven-Ernteszene mit einer Kreuzigung. Über der griechischen Landschaft imaginiert er ein »Auge«, das unschwer als das Auge des Weltenherrschers einer Kirchenkuppel zu erkennen ist:

> Ich habe oft mit der Vision eines solchen Auges gespielt, eines einzelnen, mehrere Morgen großen Auges, das zyklopisch und zwingend unter dem dichten Halblächeln einer gewölbten Braue aus der kahlen Flanke eines Berges oder vom Himmel herunterblickt.

So sind Fermors Griechenlandbücher auch religiöse Texte. Sie umfassen Verlust und Verheißung. Ihr tiefer Grund, auf dem die Farben intensiver werden, ist das klare Bewußtsein von Vergänglichkeit und Tod, ihr Glücksversprechen liegt in der Hingabe an die Kostbarkeit des Lebens.

»Rumeli« endet mit einem seitenlangen Aufruf der »Klänge Griechenlands«, die das Land überziehen wie ein nicht enden wollender griechischer Psalm. Er beginnt:

> Die Oliven-Haine von Amphissa, die Terrassen mit Getreide und Wein, sind Töne der Syrinx, der Pindos ist ein Streit von Ziegenglocken und der einfachen Hirtenflöte. Arkadien ist die Doppelflöte, Arachova das Klimpern von Hämmern auf den Saiten eines Santuri, Rumeli ein Klephten-Lied, unterbrochen von Hundegebell und schrillen Pfiffen, Epirus das Trampeln von Elephanten, das Pyrrhische Stampfen, der Absatz-Schlag beim Tsamiko-Tanz, das Seufzen der Steineichen von Dodona und akrokeraunischer Donner und Regen. Die Meteora steigen sich windend zum Himmel auf gleich einer byzantinischen Litanei, die sich in Vierteltönen zum Christus-Pantokrator im Hohlrund einer Kuppel erhebt. (...)

Kreta ist das Reimen von Verspaaren zu der dreisaitigen Lyra, der Knall von Gewehrfeuer, das Dröhnen eines Erdrutsches entlang der Schluchten, ausgelöst durch den Sprung eines Steinbocks, ein labyrinthisch-gedämpftes Brüllen des Minotauros, das Streifen von Pfauenfedern durch blutrote Säulen. Apokoronas ist das Einstampfen der Weintrauben, Malevisi das Rauschen des gärenden Mostes und der Ida eine Hirtenstimme, die zu den Weißen Bergen ruft.

Emblematische Not.
Die Reporterin Herta Müller

Erzählen heißt Erfinden. Dabei spielt die Frage, ob das, was erzählt wird, in seinen Fakten richtig oder falsch ist, keine Rolle. Erzählen heißt auswählen. Mit dem ersten Satz beginnt zwangsläufig eine Fiktion: die Perspektive. Es folgen Gegenstände, Argumente, die der Erzähler für erwähnenswert hält, in genau der Reihenfolge, die ihm sinnvoll erscheint. Und weil Sprache sinnlich ist, birgt Sprache immer einen Überschuß an Sinn. In jeder Wettervorhersage wetterleuchtet Wortatmosphäre. Noch den nüchternsten Polizeibericht durchzittert ein Anhauch des Verbrechens, das er scheinbar nur protokolliert. Aber diese Gebrauchstexte sind nicht erzählt. Zu ihrer Erstellung bedarf es allein fachlicher, keiner individuell-sprachlichen Kompetenz. Jedes Kind, das von einem Wolkenbruch, einem Autounfall erzählt, ist gegenüber dem Verfasser einer Zeitungsmeldung ein Dichter.

Es ist das persönliche Sprechen, das Dichtung entstehen lassen kann, und nicht die Faktizität, die Literatur verhindert. Als ein Kriterium für literarische Qualität bleibt die Unterscheidung von ›erfundenen‹ und ›wirklichen‹ Geschichten hinreichend ungenügend, eine Tatsache, die im angelsächsischen Sprachraum ein Gemeinplatz ist.

Es ist kein Zufall, daß die erste, 1995 erschienene Sammlung von Herta Müllers gemischter Prosa »Hunger und Seide« mit dem marktverträglichen Untertitel »Essays« erschien. Das Buch enthält Preisreden, Vorträge, Essays, Augenzeugenberichte und Reportagen.

Was immer eine Reportage sein mag, zu ihren Grundkonstanten gehört (und wenn nur implizit) ein Reporter-Ich, das etwas aus der Welt zurückbringt. Noch das ›Porto‹ nennt den Preis dafür, daß die Nachricht von einem anderen Ort kommt. Der Reporter war, wo wir nicht waren, und berichtet anschaulich über ein konkretes Thema; in seinen Fakten muß es verläßlich und nachprüfbar sein. Wir lesen eine Reportage nicht, weil wir etwas über den Reporter erfahren wollen, sondern über eine Fremde, die freilich exotisch nah sein kann. Reportagen dürfen sprachlich exquisit sein, aber nicht exklusiv. Sie bleiben Orte der Kommunion, wo Erfahrungen wie Brote des Lebens selbstverständlich geteilt werden. Das modifiziert ihre Thematik und ihren Stil. Ein Gedicht darf hermetisch sein, eine Reportage nicht. Sie unterliegt dem höflichen Gebot der Verständlichkeit.

Eine literarische Reportage aber folgt zudem den alten Spielregeln von Dichtung. Obwohl sie unmittelbar aus der Realität kommt, ist sie von der Sprache des Reporters nicht mehr zu trennen. Wenn sie gelingt, erscheint ein Fenster der Welt übersetzt in einen vielbezügigen Raum der Wörter. So spannt die literarische Reportage ein Magnetfeld auf zwischen reiner Information und reiner Imagination. Das macht ihre Energie, ihren paradoxen Reiz aus.

Herta Müller ist in ihrem literarischen Werdegang primär Dichterin, keine Reporterin. Aber sie hat immer betont, daß sie nicht außerhalb der politischen und sozialen Realität schreibt. Ihre Romane und Erzählungen sind welthaltig, weil sie autobiographisch sind. Ihre Themen bleiben eng an ihre Herkunft aus einem deutschsprachigen Minderheitendorf im Banat gebunden. Die politischen Koordinaten, die sie bestimmen, ist die Zeit des Faschismus, die sie mittelbar erlebte, und die Ära Ceausescu, in der sie aufwuchs: »Eine vergangene, rechte Diktatur, die in der Biographie des Vaters sitzt, und eine bestehende, linke Diktatur, in der das eigene Leben läuft.« Der Totalitarismus der dörflichen Klausur weitete sich zur Überwachung durch den rumänischen Geheimdienst in der Stadt. Schreiben wurde zu einer intimen Möglichkeit, auf Zwang und Gewalt zu reagieren. War das unmittelbare Überleben geleistet, war Schreiben die bannende Antwort auf die Angst.

Herta Müller hat Rumänien 1987 verlassen. Nach der Revolution und dem Sturz Ceausescus Ende 1989 war sie für deutsche Zeitungen als Reporterin unterwegs. Sie schrieb Reportagen über das neue Rumänien, das ehemalige Jugoslawien, auch über neonazistische Strömungen in Deutschland. Diese Texte leisten die poetisch-informative Gratwanderung der literarischen Reportage, und gleichzeitig lassen sie sich gegen den Strich lesen; sie erlauben einen offenen Blick auf Herta Müllers dichterische Arbeitsweise.

Herta Müllers Reportage »Der Staub ist blind – die Sonne ein Krüppel. Zur Situation der Zigeuner in Rumänien« erschien am 4. Mai 1991 in der »Frankfurter Allgemeinen Zeitung«. Der Titel ist eine Liedzeile, der Untertitel verweist auf ein klassisches Sujet der Sozialreportage. Im Text ist es Herbst, die Zigeuner warten barfuß auf den Winter. Die Zeit der Recherche dürfte etwa ein halbes Jahr vor dem Druck liegen.

Im Verlauf des Textes wird Herta Müller im Zick-Zack durch Rumänien führen. Die Reportage aber beginnt weder an einem konkreten Ort noch mit einer realen Person, noch zu einer bestimmten Zeit. Sie beginnt mit einem Lied: »Ein Zigeuner kam, der Arme/ ausgerechnet von der Mutter des Teufels./ Trug einen Kessel auf dem Rücken/ Um einen andern Zigeuner zu taufen.« Der Ort der Handlung ist die Gegenwart des gesungenen Lieds, der Protagonist ist die emblematische Figur des Zigeuners, und die Zeit hat das Janusgesicht der Kunst: Das Lied handelt davon, daß sie vergeht, mit jedem Singen aber kann sie aufs neue vergehen; das ist ihr in Poesie gebannter Zustand der Ewigkeit. Der erste Abschnitt referiert das Lied: Der Zigeuner geht von Dorf zu Dorf, aber es gelingt ihm nicht – aus immer wieder anderen widrigen Umständen –, den Täufling zu taufen, und als es endlich so weit ist, ist der Junge 15 Jahre alt und paßt nicht mehr in den Kessel. Das Lied erzählt von der vergeblichen Suche nach dem richtigen Dorf. Aber der Zigeuner kommt, bis es zu spät ist, nur durch die falschen Dörfer. Von diesen falschen Dörfern im Lied führt die Autorin nun zu den ›wirklichen‹ falschen Dörfern: »Die Dörfer sind nicht nur im Lied. Es gibt sie wirklich im Süden Rumäniens. Ihre Namen klingen verballhornt, machen die Orte zur Gegend, die Glück gar nicht zuläßt – so wird die Traurigkeit selbstverständlich.« In dieser Argumentation ist der Grund für das Unglück bereits in die »Namen« der Orte eingelassen, das Klima, das über ihnen liegt, heißt Melancholie.

In ihrem initialen Impuls geht die Reportage vom »Lied« aus. Und sie wird mit dem Lied einer Rockgruppe enden, das der Reportage auch den Titel gibt: »Zigeuner ziehn im Staub/

Der Staub ist blind/ Der Blinde ist eine Krähe/ Ja cardea/ Der Abend fällt ins Feld/ Die Sonne ist ein Krüppel/ Das Zelt ist krumm/ Ja cardea.« Ein Nachtrag, der wiederum auf ein Wort reflektiert, beschließt den Text: »Ich bin mit dem Wort ›Roma‹ nach Rumänien gefahren, habe es in den Gesprächen anfangs benutzt und bin damit überall auf Unverständnis gestoßen. ›Das Wort ist scheinheilig‹, hat man mir gesagt, ›wir sind Zigeuner, und das Wort ist gut, wenn man uns gut behandelt‹.«

Zwischen dem alten Lied und dem neuen Lied, zwischen dem Wort, das »gut« ist, und dem Wort, das »scheinheilig« ist, macht sich der Text auf die Suche. Was sucht er, und welcher Logik folgt diese Suche?

Harte Schnitte, abrupte Szenen- und Ortswechsel sind in zeitgenössischen Reportagen nicht ungewöhnlich. In Herta Müllers Text aber fällt, trotz Nennung von konkreten Schauplätzen, eine grundsätzliche Ortlosigkeit auf. Das Lied der Nomadenzigeuner, mit dem der Text beginnt, hört die Autorin beim Sänger Angheluta in Bukarest, im Südosten des Landes. Von den Dörfern, durch die der Zigeuner im Lied zieht, war gesagt worden, daß sie im Süden liegen. Die nächste Szene beginnt an einem doppelten »Rand«. Es ist zunächst metaphorisch der »Rand der Armut«, der sofort übergeht in den »Rand der Orte«: »Zwischen drei und vier Millionen Zigeuner leben in Rumänien, die meisten von ihnen am Rande der Armut. Hütten, die am Rand der Orte hängen (...).« In dieser nicht weiter präzisierten Gegend entfaltet sich die erste Szene: »Kinder schleppen kleinere Geschwister, sind verdeckt von den nackten kleineren Füßen, die fast bis zu ihren, den eigenen Zehen hängen.« Später wird dieses Bild gezoomt, aus dem Pluralbild der »Kinder« wächst »das Mädchen«: »Das Mädchen, das den kleineren Bruder trägt, sucht mit einem großen, nassen Auge über der kleineren Schulter den Weg.« Um danach nochmals im Detail vergrößert zu werden: »Die Zehnjährige wischt dem Jungen die Nase mit der Hand, wirft den Schleimfaden mit fliegenden Fingern zu Boden.« In das dreifache, sich sukzessiv konkretisierende Bild des Mädchens, das den kaum kleineren Jungen schleppt, sind generelle, sich ebenfalls konkretisierende Aussagen über das Leben der Zigeuner eingelassen. Zigeuner werden von den Dorfbewohnern nur aus der Ferne geduldet (eine ihrer Redewendungen sagt: »Von weitem ist der Zigeuner ein Mensch.«). Sie haben keine sicheren Häuser (»Eine Hausnummer oder ein Schlüsselbund können ihr Leben nicht bestimmen.«). Sie unterliegen strengen Regeln der Zugehörigkeit (»Zwischen religiösen Normen in der Gemeinschaft und Hierarchien in der Großfamilie ist jedes Leben vorbestimmt.«). Die Frau ist dem Mann untertan, sie wird von ihm gekauft: »Soviel Tausender, wieviel Kilogramm das Mädchen wiegt.«

Während das Mädchen mit seinem Bruder im Arm den Weg sucht, bevor sie ihm die Nase putzt und nachdem sie ihm mit dem Saum ihres breiten Rocks den Mund abgewischt hat, referiert Herta Müller aus der Augustnummer der Zigeunerzeitung »Divano Romano« Sätze über Hochzeitsbräuche: »Ein reicher Mann darf eine arme Frau heiraten, nicht umgekehrt. Die Frau wird nach der Hochzeit der Schwiegermutter übergeben. Mädchen dürfen kein Kopftuch tragen, auch wenn es noch so kalt ist. Aus den drei Zöpfen der Mädchen werden am Hochzeitstag zwei Zöpfe geflochten. (...)

Frauen dürfen nur reden, wenn sie gefragt werden. Auf der Straße müssen sie hinter den Männern gehen, dürfen Männer nur überholen, wenn diese sich umgedreht und ihr Gesicht gezeigt haben.« So wird das im Augenblick gesehene ›wirkliche‹ Mädchen aufgeladen mit einer Frauenzukunft, die in der Zeitung geschrieben steht.

Ausführungen über die religiöse Flexibilität der Zigeuner, die sich den Traditionen der Gegenden anpassen, durch die sie kommen, und Hinweise auf die Vielfältigkeit ihrer Sprache werden wiederum aufgefangen vom Sänger Angheluta. Er veranschaulicht das Problem, verschiedene Sprachvarianten in eine Schrift zu bringen, an den möglichen Schreibarten des Wortes »Bafto«: Glück. Die komplizierte Verschriftlichung des Wortes Glück korrespondiert im Echo mit der Feststellung, schon die Namen der Zigeunerdörfer ließen Glück nicht zu. Wenige Sätze nach Angheluta schlägt »eine junge Frau« das Thema des Schwarzhandels an, es wird als ein Parallelmotiv zum Hauptmotiv Armut die Reportage durchziehen.

Gleich zu Beginn der Reportage wird deutlich, daß das Netz von Wortfeldern und Bildbereichen wichtiger ist als die Einheit oder auch nur die Identifizierbarkeit von geographischen Gegenden und damit die pragmatische Teilbarkeit, die Nachprüfbarkeit dessen, was in der Reportage erzählt wird. Wenn der Leser das Sprechen und die Orte in seiner Vorstellung ›realistisch‹ verbinden wollte, müßte er vermuten, die Reporterin sei mit dem Sänger in eines der südlichen Dörfer gefahren, von denen im Lied die Rede war. Das wird aber nicht deutlich und ist für die Struktur des Textes nicht nötig. Denn unabhängig davon leistet die Reportage einen motivischen Zusammenhalt: Das Mädchen, das den Bruder trägt, ist unschwer als eine Variante des Zigeuners aus dem Lied zu erkennen, der den Tauf-Kessel trägt. Und so wie das Lied weiß, daß der Zigeuner in ein aussichtsloses Leben läuft, so weiß die Zeitung, die sich wie das Lied auf die Tradition beruft, wie endgültig die Zukunft des Mädchens schon festgelegt ist. Diese Logik, so eindringlich sie ist, bleibt eine artistische Logik der Komposition. Gegenüber der hohen Poetizität des Textes muß der Einwand naiv scheinen: Wir wissen nicht wirklich etwas Konkretes über dieses einzelne Mädchen. Die Reporterin war auf keiner Hochzeit, sie referiert die Hochzeitsbräuche aus der Zeitung. Wenn aber die rituellen Übereinkünfte einer Gemeinschaft schon in der Zeitung stehen, ist das dann nicht ein Zeichen beginnender Ritualunsicherheit? Wie stark ist der alte, selbstverständliche Zwang des Kollektivs noch, wenn er der Autorität moderner Kommunikationsmittel bedarf? Letztlich bleibt das gesehene Mädchen emblematisch wie der Zigeuner im Lied. Sein Schicksal liegt in der Poesie des Textes beschlossen.

Der Ort, an dem das kleine Mädchen barfuß seinen nur um ein weniges kleineren Bruder trägt, bedarf keines eigenen Namens. Er erscheint als ein Ort, der von der Armut so ausschließlich geprägt ist, daß ihm jeder spezifische Charakter abgeht. Das Bild des Kindes wächst zur Ikone der Armut. Nicht konkrete Lebensumstände, sondern die Armut, eine totalitäre Instanz, bestimmen das Hier und Jetzt: »Es ist der Sprung, den äußerste Armut über die Kindheit macht«, heißt es. Damit wurde die gemeine Rede, daß etwas »übersprungen« im Sinne von ausgelassen wird, wörtlich genommen und ist zu einer monströsen Allegorie geworden. Die

Armut springt über das Kind und löscht damit Kindheit, eine Zeit des Wachsens und der spielenden Entwicklung, aus. Angesichts der übermächtigen Armut bleibt der Ort austauschbar gleich-gültig, wie das Kind selbst, das am Anfang ja auch nur im Kollektiv erschien: »Kinder schleppen kleinere Geschwister (...).«

Der nächste Schauplatz ist Temeswar, im Westen des Landes. Hier kommt ein Anwalt, ein Mitarbeiter des Bürgermeisters, zu Wort. Die Revolution hat ihm den christlichen Glauben in Form eines Kreuzes an der Bürowand beschert und in seiner Überzeugung bestärkt, daß die Zigeuner »eine Plage für dieses Land« sind. Er gibt dem Motiv der Diskriminierung eine einzelne Stimme, deren böse Melodie mit der Redensart »Von weitem ist der Zigeuner ein Mensch« schon angeschlagen war.

Nach dieser kurzen Szene ist von einer Straße Richtung Süden die Rede, die an der Donau entlang hunderte von Kilometern ins Land »rinnt«. Auch diese Straße erscheint, obwohl identifizierbar, als ein Nicht-Ort, als erneute trostlose, alles übergreifende Schau der Armut, die sich von den »öden staatlichen Feldern« ausdehnt über das Leben der hungernden Hunde bis zu den Menschen, deren Abgesandte sie sind: »Hunde streunen zwischen den Orten durchs Land, haben vom Irren einen stechenden Blick und viel Wind im struppigen Haar, und den Bauch vom Hunger gedehnt, daß beim Laufen die Hinterbeine nicht mehr zu den Vorderbeinen passen. Sie sind das Bild der Armut, die nicht aufhört. Ein Bild der Menschen, denn von Menschen aus den Häusern weggejagt, weil das Essen nicht reichte.«

Der Text führt nun vom Westen an das »andere Ende des

Landes« in den Osten, in das Dorf Kogalniceanu am Schwarzen Meer. Hier haben – unter dem Wohlwollen von Bürgermeister, Pfarrer, Polizist – Dorfbewohner die Häuser der Zigeuner geplündert, dann mit Benzin getränkte Strohballen hineingetragen und sie angezündet. 150 Zigeuner verloren ihre Unterkunft. Die Autorin spricht mit Patachi, dem Ältesten der Zigeuner. Er wird zum Bindeglied zwischen dem jüngsten Pogrom und der Zigeunerdeportation von 1942. Marschall Antonescu, ein Verbündeter Hitlers, ließ 90000 Zigeuner nach Transnistrien deportieren, wo 35000 von ihnen bei dem Programm »Tod durch Arbeit« ums Leben kamen. Patachis Eltern haben die Deportation überlebt und er den Krieg. Als die Familie zurückkam, standen die Häuser noch, die nun abgebrannt sind. Patachi erzählt, wie er in die Hafenstadt Konstanza zog, zu deren Verwaltung das Dorf gehört, und um neues Baumaterial bat. Und die Autorin kommentiert diese gehörte Szene mit einem von ihr zuvor gesehenen Bild. Der mit der Revolution zum Christen gewordene Anwalt aus Temeswar kommt wieder: »Patachi hebt die Arme, und ich sehe in meinem Kopf das Kreuz an der Bürowand in Temeswar. Und ich weiß, wie der Bürgermeister und sein falscher Jesus Patachi angesehen haben, als er mit dem Gürtel aus verknoteten Strümpfen und zwei verschiedenen Schuhen auf dem Teppich stand.« Patachi aber hat über die Religiosität des Bürgermeisters in Konstanza, soviel der Leser weiß, nichts erzählt. So wird der eine Vertreter des Staates zur Veranschaulichung der Diskriminierung und Verfolgung der Zigeuner über den anderen, am anderen Ende des Landes, geblendet. Solch sinnbildliches Kurzschließen, das über die Individualität der einzelnen Person hinweggeht, ist eine Technik, mit der sich Erzählungen strukturieren lassen. Eine Reportage rückt damit an den äußersten Rand ihres Genres.

Eine der eindrücklichsten Szenen ist das nun folgende Interview. Die Autorin befragt den Dorfpolizisten nach der Brandschatzung. Der hält gelangweilt ein Blutprobenröhrchen von einem betrunkenen Traktoristen in den Händen, mit dem er gelassen spielt, während er von den laufenden Untersuchungen spricht. Die Geste macht offenkundig, daß ihn der Fall nicht interessiert. Die Autorin steigert sie: »Das Blut schäumt, rinnt durch den grauen Verschluß in seine Hand. Er merkt es nicht, spielt mit dem Blutfläschchen wie mit einem Kieselstein.« Das Detail ist hochsymbolisch. Das Blut des von der Polizei gejagten, betrunkenen Traktoristen wird zum pars pro toto für das Blut der Zigeuner, das dem Vertreter des Staats wie nebenbei im Büro durch die Finger rinnt. Statt über das Verbrechen zu handeln, schwärmt der Dorfpolizist nun vom Lebensstandard in der Türkei, wo er bei einem Ferienaufenthalt mit seiner Frau das »Paradies« gesehen habe. Am Ende hat er das leckende Blutfläschchen in die Uniformtasche gesteckt. Die hohe Poetizität der Szene steht außer Frage. Und vielleicht hat die Autorin sie so gesehen, möglich auch, daß sie eine gesehene Szene hier zur poetischen Wahrheit entstellt hat. Wer diesen Text als eine Sozialreportage liest und sich auf die beschriebene Konkretion einläßt, könnte irritiert sein. Frisches Blut ist feucht. Trocknend wird es sehr schnell klebrig. Ist es möglich, während der Dauer eines Interviews mit einem Blutfläschchen zu spielen »wie mit einem Kieselstein«, ohne zu merken, daß aus dem Fläschchen Blut »rinnt«? Doch die Frage gleitet sofort ab. Denn im Text rinnt das Blut tatsächlich, es rinnt aus der Wunde der Zigeuner wie auf einer Votivtafel.

Nach einem kurzen Übergang, der nochmals auf die verdrängten rumänischen Vernichtungslager des Faschismus zurückgeht, beginnt ein neuer Abschnitt mit der rhetorischen Frage, ob Zigeuner heute in Rumänien politisch verfolgt werden. Die Autorin modifiziert sie sofort, indem sie nach der Art der Verfolgung oder Diskriminierung fragt: »Muß politische Verfolgung von einer Regierung ausgesprochen, also sprachlich verdoppelt werden?« Es gibt die Verfolgung, auch wenn sie nicht so genannt wird. Dem Schweigen ist nicht zu trauen und dem Sprechen auch nicht. Wieder ist es die Sprache, die die böse Wirklichkeit hinter dem scheinbar schönen Wort entdeckt: Zigeuner, die einen bürgerlichen Beruf ausüben, die es erreicht haben, Arzt zu werden oder Anwalt, Polizist, werden von den Rumänen »Seidenzigeuner« oder »gewaschene Zigeuner« genannt. In wenigen Zeilen erscheint ein alter Tischler, dem keine »Zigeuner ins Haus« kommen und der leidenschaftlich vergessen will, daß er selbst ein Zigeuner ist. Der Satz, der sich von ihm verabschiedet, lautet: »Seine Hände waren sauber und unsicher.« Das Saubere wird, wie das saubere Wort »Roma«, zeichenhaft zum Scheinheiligen.

Bruchlos wechselt der Schauplatz zurück nach Temeswar. Eine Ärztin wird zitiert, die weiß, daß im Temeswarer Waisenhaus vierzig Prozent der Kinder Zigeunerkinder sind. Die Eltern geben sie ab, weil sie arbeitslos sind und sich selbst kaum am Leben erhalten können. In Rumänien haben Zigeuner Arbeit als Straßenfeger. Die Autorin spricht mit einem der 500 Straßenfeger von Temeswar. Sein Vater war schon

Straßenfeger gewesen und auch seine alte Mutter, die neben ihm in der gelben Jacke steht, übt noch diesen Beruf aus. Er gehört zur »Formation 6«, einer Gruppe, die sich gerne selbständig machen würde. Aus Frankreich könnte sie kostenlos Straßenreinigungsmaschinen bekommen. Doch der rumänische Zoll verlangt Unsummen für die Einfuhr. Die verwaisten französischen Straßenreinigungsmaschinen werden zum rumänischen Menetekel für die staatlich verhinderte wirtschaftliche Eigeninitiative. Seit einem Streik im Sommer bekommen die Straßenfeger einen »Schandezuschlag«. Wie eine gültige Formel der Demütigung – die Schande schlägt zu – erscheint das Wort in vier Zeilen dreimal und führt in eine Sentenz: »Wo es harte Arbeit und Handgreiflichkeiten gibt, tun harte Wörter nichts. Er ist arm, und der ›Schandezuschlag‹ ist Geld.«

Einst gab es die traditionellen Berufe, die den Zigeunern gute Namen gegeben haben. Und ein blasses, besseres Licht aus einer Vergangenheit vor Ceausescu fällt auf die heute trostlose Armut der zur Seßhaftigkeit Gezwungenen. Einmal waren sie Fahrende, waren »Löffelzigeuner«, weil sie Löffel machten, oder Kesselzigeuner, Faßbinder, Scherenschleifer, Gold-, Silber- und Kupferschmiede, sammelten Lumpen oder Papier und führten an den Feiertagen musizierend Bären und Affen mit sich. Die Bewohner der Häuser, denen sie suspekt waren, wollten doch glauben, gerade sie brächten ihnen Glück. »Deshalb durften sie die Neujahrswünsche sagen.«

Über den Zigeunerberuf des Goldschmieds leitet die Reportage zum modernen Goldschwarzhandel in der Zeit des Ceausescu-Regimes über. Da es während der Diktatur in den Geschäften kein Gold zu kaufen gab, praktisch alle aber Gold trugen, und sei es nur als Ehering, war Gold zugleich ein Zeichen für den florierenden Schwarzhandel. Es waren die Zigeuner, die mit Unterstützung von Geheimdienst und Polizei »jedes Gramm Gold« ins Land schmuggelten und die – als schwächstes Glied – deshalb die Erpreßbarsten blieben. So verkehrte der Staat noch das Gold. Durch den verächtlichen Handel erhielt es das Attribut »schwarz«.

Das anschließende Miniaturportrait der Familie Paul liegt im Text wie ein Andachtsbild der kleinen Not. Familie Paul lebt in einem »deutschen Dorf im Banat«. Die Familie »spricht deutsch, ist katholisch, bezeichnet sich als deutsche Zigeuner«. Als Besitzer einer Gastwirtschaft hat der Vater die Seinen zu einer gewissen Prosperität im Abseits des Dorfes gebracht: allein Zigeuner sind seine Gäste. Sein Sohn war »vor der Revolution nach Deutschland« geflüchtet und nach vier Monaten Gefängnis mit einem Transitpaß, in dem »Königswinter« und »Abgeschoben« stand, wieder zurückgeschickt worden. Unterdessen war seine schwangere Frau so verprügelt worden, daß sie ihr Kind verlor.

Nach einem Besuch in Siebenbürgen beim reichen, erbärmlichen Zigeunerführer Bulibascha, der großspurig keine Minderheit, sondern nur seine eigene Macht vertritt und, den Mund voller Goldkronen, den Schwarzhandel verdammt, endet die Geschichte fast da, wo sie begonnen hat. Der Sänger Angheluta widerspricht dem Gerücht, das seit Ceausescus Tod unter den Rumänen kursiert. Der Diktator war kein Zigeuner, seine Wange war weiß, Angheluta muß es wissen, denn er hat ihm ins Ohr gesungen. Die Autorin kommentiert nun direkt: »Wie so oft in Rumänien die schmerzhafte Verknotung von Begabung und Stiefellecken. Sie drückt mir in der Kehle.« Das letzte Wort hat die ungenannte Rockgruppe, die aus dem Land gejagt wurde. Angheluta bleibt nurmehr ein blinder Blick: »Anghelutas Augäpfel sind hart. Wenn sein Blick am größten ist, liegt die Pupille in der harten Schale einer Nuß.«

Der Gestus der Reportage ist weniger suchend als zeigend. Die Autorin kennt Rumänien, als Reporterin weiß sie, was sie erwartet. Sie ortet Bedeutung. Der Subtext heißt Ceausescu; und Ceausescu ist auch zwei Jahre nach seinem Tod eine Scheidelinie zwischen »gut« und »scheinheilig«. So wird die Situation der Zigeuner zum Exempel dafür, daß das gute Leben in Rumänien nicht möglich ist und daß es das scheinheilige Leben auch jenseits der alten Diktatur noch gibt. Das letzte Wort des aus Deutschland abgeschobenen Sohns der Familie Paul ist, daß er das Land wieder verlassen werde; das »gute« Schlußwort der Reportage gehört nicht dem Zigeunersänger, der im Land blieb, sondern der verjagten Rockgruppe. So kommt die Reportage über die Zigeuner auch einer Bekräftigung des eigenen Lebenswegs gleich.

Herta Müller will sich nicht täuschen lassen, nicht von der Sonne, die »täuschen« will, weil sie ihren Glanz legt über die Not, nicht vom begabten Zigeunersänger, der lacht, obwohl er Ceausescu ins Ohr gesungen hat: »Sein Lachen ist falsch.« Sie ist auf der Hut. Sie hat für den Preis des Überlebens lernen müssen, die Zeichen des Falschen zu entschlüsseln, sie ist darauf geeicht, die geheime Spur zu sehen. Sie weiß, daß die Dinge sprechen, weil sie eine Geschichte haben, die wiederkommt.

Von einer »kurzen, stillen Straße«, in der die Wohnung

des Sängers liegt, wird gesagt: »Die dreht sich in der Sonne, ist leer, daß sie davonfliegen könnte vor den Schuhen, ein durchsichtiger Winkel im Zentrum der Stadt. Auf der anderen Straßenseite steht die Botschaft des Vatikans, so groß und weiß, daß die Straße vor ihr liegenbleiben muß.« Unter ihrem beobachtenden Blick verwandelt sich alles in Zeichen. Die Dinge geben dem, was an sie grenzt, Bedeutung. Vor der Wohnung des Sängers »dreht sich (die Straße) in der Sonne, ist leer, daß sie davonfliegen könnte«, während sie im Kontrast vor der Botschaft des Vatikans (das heißt vor dem Katholizismus) »liegenbleiben muß«. Diese Straße ist kein Stück Stein oder Teer in Bukarest, das vom Leser zu betreten wäre. Sie ist ein Stück Asphalt der Seele. Wie auch die Sonne, die ein »Krüppel« ist, oder eine »Glasscheibe« eine psychische Beschädigung verkörpert.

Herta Müller hat in ihren Erzählungen und Romanen eigene Wahrnehmungen sprachlich zur poetischen Wahrheit hin ›erfunden‹. Sie hat konkrete Beobachtungen übertrieben und entstellt – und damit neu geöffnet. In ihren Reportagen läßt sich beobachten, wie dieser poetische Impuls immer wieder an die Grenzen des Mediums stößt. Assoziationsketten, erinnerte, psychisch bereits besetzte Bilder legen sich über gegenwärtige Augenblicke wie interpretierende Kommentare, als habe die Vergangenheit das letzte Wort über die Gegenwart. Und manchmal werden die Wörter mächtiger als die Dinge, oder es gehen Dinge in ihren wissenden Namen unter. Dann wieder kann es sein, daß sich das Erlebnis der Wörter vor die konkrete Wahrnehmung schiebt, als eine zweite, nicht minder gültige Wirklichkeit.

Der Text, der mit einem Lied beginnt und mit einem Lied

endet und seismographisch nach dem Wort sucht, steht in der Tradition einer negativen Romantik. Damals schlief noch »ein Lied in allen Dingen«, und es gab das kühne Versprechen, die Welt könne anheben zu singen: »triffst du nur das Zauberwort«. Das Lied aber hat das Land verlassen, und die Namen »machen die Orte zur Gegend, die Glück gar nicht zuläßt – so wird die Traurigkeit selbstverständlich«.

Das halbe Brot der Vögel. Zur Sprache der Journalistin Marie-Luise Scherer

> Mademoiselle Iona Seigaresco hatte es eilig, eine alte Frau zu werden. Sie trug einen kleinen, braunen Filzhut, den sie sich, ohne das Echo ihres Garderobenspiegels zu beachten, einfach überstülpte. Nur fest und tief mußte er sitzen und das Gesicht wegnehmen. Die Handtasche hing ihr an einem knappen Riemen vor der Brust. Sie ging stark gebeugt, was ihr jedoch nicht ersparte, die Obszönitäten am Boulevard de Clichy zu sehen, an dem sie wohnte.

Dies ist der Beginn einer Geschichte. Er exponiert eine atmosphärische Polarität. Was nun erzählt wird, spielt zwischen den Rückzugsreservaten alter alleinstehender Frauen und dem Sperrbezirk der Prostitution, die Drogenszene eingeschlossen. Mademoiselle Seigaresco lebt allein, und sie ist ein wenig gebrechlich. Ihre Schwäche beunruhigt sie und läßt ihr geraten sein, sich zu schützen. Ihr Hut ist ihre Tarnkappe (soll »das Gesicht wegnehmen«) wie ihr Helm (»fest« muß er sitzen). Mademoiselle Seigaresco ahnt, daß der Reiz, den sie für ihre Umwelt haben könnte, nur noch von ihrem Besitz ausgehen kann. Eng hängt ihr die Handtasche vor der Brust. Zur Bewältigung ihrer Existenz gehört die Unternehmung des täglichen Einkaufs. Er führt sie auf ein feindliches, exotisches Terrain, auf dem sie selbst unbehaust und exotisch wird. Ihr Inkognito, nur eine »alte Frau« zu sein, ist ihre Chance wie ihre Gefährdung. Mademoiselle Seigaresco übersieht sich im Garderobenspiegel, denn sie wittert, daß sie draußen besser durchkommt, wenn auch andere sie übersehen. Unter einen Hut gebückt, gesichtslos, ist sie schon fast nicht mehr da. Die Geschichte wird von einem jungen Mann handeln, der genau das wörtlich nimmt.

Zu den winterlichen Festtagen 1990/91 bedachte der »Spiegel« seine Leser mit einer zweiteiligen Kriminalgeschichte über den Pariser Frauenmörder Thierry Paulin. Die Story ist schnell skizziert: Drei Jahre lang (vom Oktober 1984 bis November 1987) terrorisiert der junge dunkelhäutige Franzose aus Martinique ausgesuchte Arrondissements der Stadt Paris mit Serien von Morden an alten Frauen. Die ersten neun der einundzwanzig Morde (bzw. Mordversuche) begeht er mit einem Komplizen, seinem damaligen Geliebten Jean-Thierry Mathurin. Der Grund für die Tötungen liegt für Paulin in der Notwendigkeit, sich seinen Lebensunterhalt zu beschaffen. Am 1. Dezember 1987, kurz nach seinem 24. Geburtstag, wird er gefaßt; noch bevor es zu einem Prozeß kommen kann, stirbt er am 17. April 1989 an Aids.

Marie-Luise Scherer hat zehn Wochen vor Ort recherchiert und eine Reportage über den Fall geschrieben. Im Verlauf des Textes lernen wir 21 alte alleinstehende Frauen in Paris kennen. Mit einigen werden wir vertraut, von anderen erfahren wir gerade den Namen und das wenige, was eine vorsichtige Existenz in ihrer Umwelt an Spuren hinterläßt, an Erinnerungen. Wir lesen kleine Portraitstudien, sorgfältig gearbeitete Miniaturen, die, den Perlen eines Rosenkranzes gleich, durch die Hände des jugendlichen Mörders gehen werden. Vier der Frauen werden seine Torturen knapp überleben.

Und lesend schleicht sich die Frage ein, was macht die Autorin mit uns? Die Personen, von denen sie erzählt, sind historisch verbürgt, aber Marie-Luise Scherer stellt sie gerade so vor, als seien sie erfunden. Der Text suggeriert, daß er – bis ins winzigste Detail – prinzipiell nachprüfbar ist, aber er entzieht sich eigenartig der Neugier, überprüft zu werden. Wie funktioniert das? Im zweiten Satz schon steht die Formulierung vom »Echo ihres Garderobenspiegels«; im weiteren Text werden immer wieder Spiegelbilder Echos zurückwerfen. Ein solches Spiegeln ist ein verfremdetes, gesteigertes Spiegeln. Als Initiation einer Reportage gibt es eine Technik preis.

Die Autorin wird an Suchbildern von Figuren schreiben, die nur an den Reflexen erfaßbar sind. Sie werden aufscheinen im Spiegel von Fensterscheiben, fremden Gesichtern, anderen Erinnerungen. Auch Zimmer werfen etwas zurück von denen, die in ihnen lebten, auch Straßen etwas vom Schritt der Läufer, auch Geschäfte etwas von den Bedürfnissen der Kunden. Grundlage für einen Text, der seine Figuren als Konstellationen von wechselnden Reflexen aufbaut, ist eine ungeheuerliche Recherche, ein minutiöses Sammeln von Details, denen die Funktion von Echos, von Echoloten zugeschrieben wird. Sie verzeichnen Unebenheiten und Abgründe. Aus einer Vielzahl von Einzelheiten kann schließlich eine Szenerie entworfen werden, deren idealtypische Struktur einer Wassertapete gliche; eine geschlossene Oberfläche aus Fließendem, irisierende Bildlichkeit und eigener Laut. Aus einer solchen bewegten Tapete würde ein verfremdetes Echo einer ungreifbaren Wirklichkeit kommen. Ihre zeitliche Struktur wäre die Gleichzeitigkeit des Panoramas. In der Logik eines solchen Textes ist Mademoiselle Seigaresco in dem Moment, da sie das Echo ihres Garderobenspiegels ausschlägt, schon tot.

Das Gewebe des Textes baut sich auf aus zwei Hauptmotivsträngen. Neben den Miniaturportraits der alten Frauen entwickelt er die Geschichte des jungen Mörders, die in den Jahren seines Mordens vor allem die Geschichte einer unglücklichen Liebe ist. Der etwas naive Thierry Paulin wirbt, phasenweise mit Erfolg, um den versierteren Strichjungen Jean-Thierry Mathurin. Der erste Mord wird denn auch indirekt ausgelöst durch Mathurins Ehebruch. Man kann es so nicht nennen, aber für Paulin wird es genau das gewesen sein. Zwischen beiden kommt es zum öffentlichen Eklat, sie verlieren die Arbeit, können die Miete ihres Hotels nicht bezahlen, brauchen Geld und kommen auf die Idee, eine alte Frau umzubringen. Eigentlich ganz einfach. Da Täter und Opfer in der Geschichte nur an ihren Reflexen zu haben sind, müssen sie ständig in Bewegung sein. Aus dieser Notwendigkeit entwickelt sich ein Nebenmotiv, der Entwurf eines Pariser Tableaus, opulent und bizarr, mit Nebenschauplätzen, in denen Nebengeschichten spielen, die aber alle zu den Straßenzügen und Passagen führen, in die Geschäfte und Höfe und auf die Märkte von Paris, wo Jäger und Beutetiere auftauchen und wieder verschwinden.

Die Geschichte hat keine Pointe, auf die sie zuliefe. Von Anfang an weiß der Leser um ihr einundzwanzigfaches böses Ende. Die Geschichte variiert ein Jagdmotiv. Im Revier der Straßenmärkte, in das sich die alten Frauen aufmachen, um ihre kleinen Essensportionen zusammenzusuchen, werden sie selbst unter dem Blick zweier lebenshungriger Männer abzuschätzendes Angebot.

> In dieser Straße ist jede Begierde auf die Schönheit des Eßbaren gerichtet. Paulin und Mathurin überspringen die Rinnsale, die von den tropfenden Fischkisten zur Bordsteinkante fließen. Sie trennen sich für Augenblicke; jeder reiht sich in eine andere Warteschlange ein; sie mischen sich unter die Zahlenden im Kassenareal oder suchen die Nähe unschlüssiger alter Frauen, um neben ihnen ebenfalls in Unschlüssigkeit zu versinken. Dann bilden sie wieder ein Gespann, das über dem braunvioletten, noppigen Fleisch eines Vogels in Streit gerät. Während Täter und Komplize die zerstrittenen Köche spielen, einigen sie sich auf Gervaise Petitot.

Paulin und Mathurin geben vor, über das *braunviolette Fleisch* eines *Vogels* zu streiten und einigen sich unterdessen auf ihr Mordopfer Gervaise Petitot. Diese hingegen ist im Begriff »bedient zu werden. Sie möchte eine Handvoll *Hühnerherzen*, und ihre Aufmerksamkeit gilt jetzt nur noch der Pranke des *Geflügelhändlers.*« Schließlich entfernt sie sich mit *kranken, blauen Füßen.*

Während Gervaise Petitot sich noch auf den Zugriff des Metzgers konzentriert, der in die toten Herzen von Hühnern langt, haben die jungen Schlächter sie schon im Griff ihrer Aufmerksamkeit. Motive werden zu Mustern gefügt. Das »braunviolette« Fleisch des auf dem Markt offerierten Vogels wird wenige Sätze später mit den »blauen« Füßen der alten Frau korrespondieren.

Im Text erscheinen die alten, zu tötenden Frauen immer wieder unter dem Signum des Vogels. Das Motiv ist gleich zu Beginn ganz explizit an Mademoiselle Seigaresco ausgeführt:

> Sie hatte ihre herbstliche Tätigkeit aufgenommen und abgestorbene Gräser und Blätter ausgezupft. Es war der gewohnte, jedes Jahr wieder bizarre Anblick, den sie bot. Denn Mademoiselle Seigaresco stand so gebogen über den Rondellen und Längsrabatten, daß ihr Kopf verschwand wie bei einem eintauchenden Wasservogel. Sichtbar blieb ein steiler Hügel aus grauem Mantelstoff, von dem ein Gummihandschuh wegschnellte und in die Pflanzen griff.

Später wird sie vogelhaft »mit scharfer Nase« erscheinen, mit »einer kleinen Fragehaltung ihres Kopfes in das Logenfenster« der Concierge schauen. Die Essensportionen der alten Frauen sind ausdrücklich »Vogelrationen«, ein schmaler, leichter Körper kann »Federgewicht« genannt werden. Das Signum des Vogels umspielt immer wieder eines der Mordopfer, auch wenn es sich nicht direkt auf seinen Körper bezieht. So hätte – wäre sie nicht gerade eben ermordet worden – Maria Mico-Diaz die »fünf Zwergpapageien« der Nachbarin Madame Bailiche hüten sollen; besondere Aufmerksamkeit hätte dabei dem »kranken Vogel«, einem Amazonenhähnchen, zukommen müssen. Als Madame Bailiche die Tote entdeckt, setzt sie in der Erregung »die Tüte mit dem Vogelfutter zu hart auf ihrem Wohnzimmertisch auf, so daß die Körner auf den Boden rieseln«. Das alles hat mit der Story schon lange nichts mehr zu tun.

Manchmal wohnen die alten Frauen in abbruchreifen

Häusern, in denen »die Tauben nisten«, oder sie folgen nur dem »Taubenstreit auf den Bahnsteigdächern«. Wenn sie auf den Märkten unterwegs sind, geben sie sich an einem zögernden, wie pickenden Auszupfen zu erkennen. Langsam werden wir auf die Signale eingeübt, auf die die Mörder schon sensibilisiert sind: »Es ist erst elf Uhr, die gefragteste Einkaufsstunde. Die alten Frauen tragen ihre Vogelrationen zusammen; über jedem Gemüse ihr wählerisches Zupfen, bei jedem Metzger zeitschindende Erörterungen für hundert Gramm Haschee.«

Die Mörder haben ein sicheres Zeichen, das ihnen die Auserwähltheit ihres Opfers bestätigt. Es ist das halbe Brot. Ein halbes Brot kauft nur, wer sein Brot mit niemandem teilt. Und so wird dieses halbe Brot, vergleichbar der Zithermelodie in »Der dritte Mann«, zum Vorschein des Bösen. Das Motiv des halben Brotes ist sorgfältig eingebunden in das des »Bäckers«, der »Bäckerei«. Hier ruht noch das solide, das normale Leben der kleinen Geschäftigkeit. Daß das Brot des Bösen gerade aus diesem letzten Schutzbereich des öffentlichen Lebens kommt, macht die fatale Grausamkeit des Schicksals der alten Frauen aus: »Am frühen Morgen schon, wenn sie (Mademoiselle Seigaresco) zum Bäcker ging, faßten die Türsteher die Männer am Ärmel, und aus den Vorhängen der Etablissements trat die Kundschaft.« Oder: »Die Besonderheit der Rue Victor-Masse (wo Mörder und Komplize wohnen) liegt im Musikalienhandel. Aus jedem Parterre, die Bäckereien ausgenommen, dröhnen die Verstärker.«

Die Bäckerei bietet noch einen letzten Schutzraum, wenn von draußen der Mörder hineinschaut und schon ausgewählt hat: »Zwei Häuser weiter kauft Rachel Cohen ein halbes Brot. Durch das Schaufenster sieht Paulin, wie sie über einem Ohr die Perücke lüftet, während die Bäckerin auffallend akkurat die Lippen bewegt.« Am Ende genügt die Erwähnung von Brot und Vogel, und der Mord versteht sich von selbst. »Wie jedes seiner vorangegangenen Opfer trägt auch sie ein halbes Brot. Paulin gibt sich in die Tauben vertieft, bis sie in der Nummer 23 verschwindet. Dann läßt er seine Routine walten.« Nachdem Paulin Berthe Finalteri getötet und ausgeraubt hat, geht er – dies war das eigentliche Ziel seines Weges – weiter zu Mathurin. Vor dem Bett des zwischenzeitlich als Transvestit Tätigen liegt die Korsage »wie eine aufgeklappte Hühnerkarkasse«.

Die Reportage erschien unter dem Titel »Die Bestie von Paris«. Es steht zu vermuten, daß der Titel nicht von der Autorin stammt; er ist falsch. Die Geschichte portraitiert keine »Bestie«. Wir begleiten bei seinen Morden einen jungen Mann, der nicht mit einer überdurchschnittlichen Intelligenz belastet scheint. Das Monströse am Töten Paulins ist seine funktionale Schlichtheit. Weil er sich so viel Geld, wie er eben braucht, nicht leichter beschaffen kann, setzt er sich morgens seine Baskenmütze auf und geht dann los, zur Arbeit, nüchtern. Meist ist er unglücklich verliebt und wütend. Er fühlt sich mit seiner niedrigen sozialen Herkunft zutiefst geschlagen. Er will auch dazugehören, wozu, weiß er nicht so recht. Erst ist es die Familie der geschiedenen Mutter, dann die des wiederverheirateten Vaters, dann will er den Geliebten für sich alleine haben. Als Mathurin ihm entgleitet, kann der Umgang für Paulin nicht mehr chic und reich genug sein. Paulin beginnt sich extrem zu stylen, er blondiert seine Haare und kauft täglich Unterhosen für

110 Francs das Stück, um sie nach einmaligem Tragen wegzuwerfen. Er wird exquisites Objekt der Begierde für horrend bezahlende ältere Herren.

Ganz am Ende der Reportage, 21 alte Frauen sind geknebelt, vielfach mit Messern gestochen, gewürgt, erstickt worden, ganz am Ende der Reportage feiert Paulin seinen 24. Geburtstag – er soll danach nur noch wenige Stunden in Freiheit verbringen – unter jener Pariser Jeunesse dorée, die sich ein eigenwillig schöner Mann wie Paulin mit sehr viel Geld für einen Abend anlocken kann. Die Geburtstagsfeier kostet ihn 50000 Francs. »Zur Begrüßung Kir Royal, zwei Barkeeper schenken ein, drei Kellner machen die Runde mit den Tabletts. 40 der 50 Geladenen sind Männer, nach Einschätzung des Türstehers Benoit und seines Freundes Murat, des Assistenten bei der Nationalversammlung, sind vier Fünftel dieser Männer einander intim bekannt.«

Wir haben zuvor einzeln alle alten Frauen kennengelernt, die auch diese Party mit ihrem Leben bezahlten. Und nun folgt der vielleicht fürchterlichste Satz der Reportage: »Neben Paulin sitzt Odette, die Pfannkuchenbäckerin, in der Rolle seiner Adoptivmutter.«

Diesem todsündhaft teuren Fest präsidiert eine Frau, die mit Paulin eher flüchtig bekannt ist. Sie ist keine Verwandte, schon gar nicht die Mutter, nicht die Adoptivmutter. Sie spielt eine Rolle gerade für den Abend und vor Leuten, die diese Rolle nicht verstehen werden. Das Backwerk, das Odette professionell herstellt, sind Crêpes. Diese Vokabel wäre verwendbar gewesen. Die Frau ist Inhaberin einer Crêperie. Der Leser aber muß, nach allem, was war, in das Messer des einen Wortes laufen: Pfannkuchenbäckerin. Das Wort stößt zu, weil es Paulin jenseits der Moral in Schutz nimmt. Natürlich, das Präsidium der Bäckerin entlarvt das grandiose Fest als traurige Anstrengung einer Sublimation. Aber so viel grausames Morden für dieses seltsame Fest, für dieses seltsame kurze Leben. War das nötig? Aber die Autorin hat die Geschichte ja nicht erfunden, sie hat sie nur erzählt.

Ja, sie hat sie so erzählt.

Der Unterschied zwischen dem Wort »Mord« und einem Mord ist der zwischen Leben und Tod. Wir werden uns aber kaum anders als mit Worten über die Faktizität eines Mordes verständigen können. Darin liegt einer der Gründe, warum die Dichter lügen. Hugo von Hofmannsthal, ein Autor, der gemeinhin im Zusammenhang mit der Reportage nicht genannt wird, faßt die schwierige Kunst zu erzählen so: »Schildern willst du den Mord? So zeig mir den Hund auf dem Hofe:/ Zeig mir im Aug von dem Hund gleichfalls den Schatten der Tat.«

Dieses Distichon rät nicht zum Blick auf den Würgegriff, zur Beschreibung des blutigen Messers, zur Paraphrase des finalen Röchelns. Hofmannsthal entwirft eine kaum realisierbare Erzähltechnik, die die Tat nicht direkt nennt und beschreibt, sondern allein an ihrer Wirkung wieder hervorruft. Solche Evokation ist bedingt durch sprachliche Konstruktion. Mit einer Kamera wäre der Schatten im Auge eines Hundes so wenig zu erfassen wie die Valenzen des Wortes »Pfannkuchenbäckerin«, das allein durch den Text aufgeladen ist. Die Reportage von Marie-Luise Scherer arbeitet mit den diskretesten Techniken der symbolistischen Poetik. In ihr treffen sich Kältetechniken der modernen Reportage mit jenem irritierenden Hauch des L'art pour l'art. Ihr Paris ist ein Bestiarium, eine Kunstwirklichkeit, die nach ihren eigenen Gesetzmäßigkeiten funktioniert, nach einer eigenen Sprache spezifischer Zeichen und Symbole. Ihre Reportage ist autark; damit ist sie eine Contradictio in adjecto.

Reportagen gehören in die Gattung von Gebrauchstexten (womit über ihre Literarizität noch gar nichts gesagt ist). Von einer Reportage erwarten wir, daß sie uns möglichst wahrheitsgemäß und anschaulich informiert; von einem Reporter deshalb, daß er selbst auszieht, recherchiert und uns dann mitteilt, was er vorgefunden hat. Wenn er das spannend tut, sind wir ihm dankbar, es ist ein guter Reporter. Sehr oft, vor allem in der brillanten angelsächsischen Tradition der modernen Reportage, spricht der Reporter direkt von sich und seinen persönlichen Erfahrungen. Er probiert die fremde Wirklichkeit, in die er sich um des Lesers willen begeben hat, gleichsam an seinem Körper aus. Wir speisen mit ihm, hungern mit ihm, begeben uns mit ihm in Todesnot und unter südliche Palmen und kommen glücklich mit ihm und erfahrungsgesättigt wieder nach Hause. Nicht zuletzt ist es seine Existenz, die uns die Wahrheit des von ihm Berichteten verbürgt.

In der Reportage von Marie-Luise Scherer gibt es kein Autoren-Ich. Im Grunde scheint es dieses Ich so wenig zu geben wie das Gegenüber eines Lesers. Die Straßen ihres Paris sind verbürgt, die Details alle nachprüfbar (oder nicht widerlegbar), und doch können wir die Stadt, von der sie spricht, nicht betreten – und sollen es auch nicht. Kein erzählendes Ich spricht uns an, bis auf winzigste Ausnahmen spricht in diesem Text überhaupt niemand direkt. Und wenn, sagt das gesprochene Wort das Falsche. »Vielleicht ist sie gar nicht tot«, meint da jemand und irrt. Und es muß dann direkte Rede sein, wenn in einer bösen Szene die hypochondrische Nachbarin das überlebende Paulin-Opfer Estera Epsztejn anlabert. (Die Szene ist eine versteckte, traurige Hommage an eine Jüdin, die Treblinka und Bergen-Belsen hinter sich hatte und noch den Zugriff Paulins überleben mußte.)

Auch das Schlimmste ist leicht gesagt; wir kennen das aus den täglichen Nachrichten. Auch unsere Betroffenheit ist leicht gesagt. Was heißt das schon. Die Sätze von Marie-Luise Scherer sind schwer gesagt. Das Sujet hätte nach Interviews geschrien: Interviews mit Kriminalbeamten, Anwohnern, überlebenden Opfern. Und die Autorin muß – ihre Kenntnisse beweisen es – diese Interviews geführt haben. Aber sie hütet sich, davon zu erzählen. Sie verweigert den O-Ton. Sie will nicht den problemlosen Transfer vom Mord zum »Mord«. Weil eine Verständigung über das Daherreden nicht möglich ist, wird in ihrer Reportage nicht mehr gesprochen; es gibt dort die Sprache. Sie erfindet die Zeichen einer Jagd, die es gegeben haben muß. Sie initiiert eine Wiederholung.

Ein solcher Text ist mit einer Imagination geschrieben, die an die Aussagefähigkeit der Realität glaubt und sich an sie halten will. Goethe nannte das die »Phantasie für die Wahrheit des Realen«. Und wie jede Literatur, die in einem symbolischen Gehalt des Geschauten gründet, ist sie eine gefährliche Gratwanderung. Wer hier frei erfindet, stürzt ab. Die Moral einer solchen Ästhetik liegt darin, eine nie dagewesene Sprachwelt zu schaffen, nur um zu zeigen, wie es »wirklich gewesen« ist. Streiten wir nicht darüber, ob Gervaise Petitot »Hühnerherzen« kaufte. Gute Beobachter und gute Zuhörer haben oft Glück, und es fügen sich Details zu Motiven. In diesem Fall spräche die Evidenz der Stimmigkeit auch einen klassischen Reporter frei.

Der Frauenmörder Thierry Paulin ist eine literarische Figur geworden. In der Distanz der Gestaltung steht er dem Voyeurismus entgegen, d.h. dem geschwätzigen Aburteilen ebenso wie dem schnellen psychologisierenden Verstehenwollen. Diese Figur will zunächst einmal ertragen sein.

Es gibt von Marie-Luise Scherer keine theoretischen Äußerungen über die Kunst der Reportage. Aber es gibt von ihr eine Reportage über den surrealistischen Dichter Philippe Soupault (hier übrigens mit Autoren-Ich), in der sie Schreibtechniken reflektiert, besondere Grenzgänge, Schmugglerpfade zwischen Kunst und Leben. Und sie hat zwei Reportagen über Literaturverfilmungen (»Blechtrommel« und »Eine Liebe von Swann«) des Regisseurs Volker Schlöndorff geschrieben. Sie zeigt Szenen von Dreharbeiten, in denen sanft ein zu klein gewachsenes Kind terrorisiert als ein zu klein gewachsenes Kind; französische Aristokraten sich bewegen als französische Aristokraten, schöne Frauen als schöne Frauen. Wer ist wirklich in diesem Augenblick? Ornella Muti oder Odette? Eine Idee von Odette ändert das Lächeln von Ornella Muti; das Lächeln von Ornella Muti realisiert eine Idee von Odette. Unter den surrenden Kameras wechselt das Koordinatensystem der Wirklichkeit. Für den, der dasteht und schreibt, ist die Kunst der Szene so real wie das Teetrinken der Komparsen in den Drehpausen. Und in seinen Sätzen dann zum Verwechseln fiktiv.

Proust hat im Bett gelebt, um zu schreiben. Er zog aus in die Salons, weil er die Wirklichkeit brauchte: für seinen Text. (Auch er ein Jäger.) Vielleicht geht ein Impuls für das Literarischwerden von Reportagen von dem einfachen wie erschreckenden Gedanken aus, daß Wirklichkeit, um vorstellbar zu sein, in der Kunst neu erfunden werden muß. Solches Erfinden wäre ein Finden, ein Wiederfinden auf dem mühsamen Weg »a la recherche«. – Ihre Proust-Reportage endet die Autorin so: »Proust hat das Buch auf eigene Kosten verlegen lassen. Die Kulturredakteure der Pariser Zeitungen bittet er, bei Rezensionen die Wörter ›zart‹ und ›subtil‹ zu vermeiden.«

VI. Zweifel, Liebe, Hoffnung

Vom Schnee des Erfindens.
Vorläufig letzte Notizen zum Autobiographischen im Text

Jedes Erzählen, hat Aglaja Veteranyi gesagt, ist autobiographisch, denn nichts ist so autobiographisch wie die Phantasie. Kafka war kein Käfer. Wie sich also der Gretchenfrage nach Dichtung und Wahrheit nähern, die nicht nur die Leser, sondern auch die Schreibenden beschäftigt. Rührt sie doch konkret an handwerkliche, an strategische Schwierigkeiten. Irgendwann habe ich begonnen, mich zu fragen, warum die Protagonistinnen meiner fiktionalen Texte immer einsame Frauen waren. Ich war nicht einsam: ein Mann, drei Kinder, Hund und Hamster. Warum also erfand ich Heldinnen, die sich allein, ja ausgesetzt orientieren müssen? Vielleicht, sagte ich mir, weil es eine gewisse Einsamkeit braucht für besondere Wahrnehmungen. Weil manches, was mich interessierte, nur aus extremen Situationen heraus erzählbar war. Und vielleicht auch, weil die Situation des Schreibens notwendigerweise in die Einsamkeit führt. (Hier begänne eine andere Geschichte.)

In meinem Roman »Sie dreht sich um« geht es um weibliche Rückenfiguren auf Gemälden, die aus dem Bild heraustreten und etwas über sich erzählen, was der Maler nicht dargestellt hat. Aufgrund meiner Recherchen und der Geduld meines Schauens sollten ihre Geschichten plausibel sein. Ich habe mich sieben Bildern ausgesetzt in den Museen zwischen Boston und dem Bündner Land. Ich mußte so lange schauen, bis zwischen dem Bild und mir etwas geschah. Denn wie sollte, wenn nichts geschah, mit meiner Heldin Anna, die zu diesen Bildern ging, etwas geschehen? Wie Anna bin ich vor den Bildern gehockt, aber im Unterschied zu ihr bin ich so gut wie nie alleine gereist.

Ich wollte nicht, daß die Gemälde im Buch abgedruckt werden, sondern setzte auf die Imagination der Leserin, die, meinen Bildbeschreibungen folgend, den Frauen Gestalt und Gesicht, eine eigene Aura, geben würde. Lesend sollte sich die Lücke, die der Maler ließ, ausfüllen. Zudem, dachte ich mir, erschien der Roman im 21. Jahrhundert. Alle Bilder waren mit einem Mausklick zu haben.

Lange hatte ich überlegt, und dies auch mit Kollegen besprochen, ob ich die Gemälde rein motivisch miteinander verbinden sollte, was möglich gewesen wäre. Oder ob sie schöner in eine Rahmenhandlung gefaßt werden könnten, die ihnen eine zusätzliche inhaltliche Gemeinsamkeit geben und den Reigen kleiner Frauenleben verstärken würde. Letztlich war es meine Tochter, die sagte, sie wünsche sich, daß ich nach über 35 Jahren des Zusammenlebens mit ihrem Vater einmal Szenen einer alten Ehe schriebe. Und waren nicht Eheleute sich wechselseitig auch Maler und Modell? Also begann ich an dieser Heldin, Anna, zu basteln, an einem Plot.

Wann ist eine Frau – ich spielte: 50 Jahre, Mutter zweier erwachsener Kinder – ausgesetzt? Der einfachste Grund: Sie erfährt, daß ihr Mann mit einer jüngeren Frau eine sexuelle

Beziehung hat. Eifersucht. Selbstzweifel. Wut. Enttäuschung. Aber reichte das? Diese Gefühle waren zu steigern. Dieser Mann mußte etwa nur andeuten, er könne sich vorstellen, mit seiner jungen Geliebten noch einmal ein Kind zu bekommen. In der Liebe leuchtete ihm der Horizont einer zweiten Jugend. Hier wäre, so schien mir, für meine Heldin (die es noch gar nicht gab, die an diesem Problem erst wuchs) eine rote Linie überschritten. Gegen einen zeugenden Greis kam sie körperlich nicht an. Sie mußte sich umdrehen und über ihr Leben neu nachdenken.

Ich kann schlecht erfinden. Ich kann recherchieren, collagieren, umschreiben, die Tonart variieren. Aber die Wirklichkeit blieb für mich immer die bessere Autorin, vor der ich mich in Glaube, Liebe und Hoffnung verbeuge. Um meine Anna besser kennenzulernen, begann ich Interviews mit Frauen zu führen, die gegen Ende der Wechseljahre von ihrem Ehemann verlassen worden waren. Ich war auf der Suche nach Bildern für meinen Roman. (Und gab das den Frauen gegenüber auch zu.)

Wie war der Augenblick, fragte ich, als du die Sache begriffen hast? Eine der Frauen erzählte, sie habe ihren Mann aus der Straßenbahn heraus beobachtet, wie er vertraulich neben einer anderen Frau herging. Eine zweite hatte in einer Schublade zufällig eine Reparaturrechnung gefunden, für die Heizung in einer Wohnung, die sie nicht kannte. Eine dritte konnte den Versprecher einer Nachbarin deuten. Das alles war stimmig, aber ich suchte etwas anderes. Schließlich erzählte mir die Freundin einer Freundin, eine attraktive, erfolgreiche Anwältin, Mutter von zwei Söhnen, folgende Geschichte:

Wie so oft in all ihren gemeinsamen Jahren hatte sie mit ihrem Mann eine Skitour unternommen. Es war ein Ausnahmetag gewesen, ein Tag, an den man sich erinnern würde: strahlende Sonne, der Himmel von einem tiefen, glühenden Blau, der Schnee nicht harschig und nicht naß, sondern reine, glitzernde, pulvrige Substanz. Sie habe mit ihrem Mann schon viele Skitouren gemacht, aber ein Tag wie dieser, sagte sie, gehörte zu den zählbaren Geschenken in einem Skifahrerleben. Sie seien gefahren und gemeinsam glücklich gewesen. Dachte sie. Auf einmal sah sie, wie ihr Mann, der vor ihr hergefahren war, abschwang. Warum, fragte sie sich, blieb er jetzt stehen?

Sie fuhr den Steilhang zu ihm hinunter und hielt ebenfalls an. Sie standen sich gegenüber. Warum schwingst du denn ab? fragte sie. Da sagte er: »Ich habe eine Freundin.«

Sie sah mich an, und ich erkannte in ihrem Blick noch das Hintergrundrauschen von Überraschung und Wut.

Und, fragte ich, und du? Was hast du daraufhin gesagt?

Sie habe kurz geschwiegen, antwortete sie, und schließlich habe sie gesagt: »Dann mußt du dich entscheiden.«

Dieses »Dann mußt du dich entscheiden« habe ich wörtlich in meinen Roman übernommen. Die Hochgebirgsszene im Schnee aber nicht.

Meine Heldin, Anna, eine Münchner Journalistin, ist nicht besonders sportlich und ihr Mann, ein Altphilologe, der in Bibliotheken lebt, noch weniger. Diese Situation hätte nicht zu den beiden gepaßt. Und doch hatte mich die Schnee-Szene der Anwältin sofort überzeugt. Psychologisch war sie klar. Der Mann, leidenschaftlich der Natur verbunden, konnte in dieser Situation – ausgesetzt dem seltenen Glanz der sonnenbestrahlten Gletscherlandschaft – nicht mehr lügen. Er hatte eine Reinheitserfahrung gemacht, die ihn zu einer anderen Haltung zwang, zu einer unbedingten Gradlinigkeit. Zumindest in diesem Moment. Das gefiel mir. Ich wollte diesen moralischen Schock für meinen Roman haben. Was also tun, wenn ich meine unsportliche Anna und ihren Oberstudienrat nicht mit Tourenski ins Hochgebirge schicken konnte?

Ich dachte nach, und schließlich fiel mir eine Szene ein, die ich mit meinem Mann erlebt hatte. Luzern, das Musikfestival. Eine Freundin hatte Karten für ein Konzert mit Martha Argerich organisiert. Und da wir schon einen Tag vorher anreisten, fragte sie, ob wir auch in ein Violinkonzert mit Werken von Bach gehen wollten. Wir kannten Isabelle Faust nicht. Im familiären Konzertsaal des Hotel Schweizerhof saßen wir weit vorne. Eine schmale junge Frau mit blonder Kurzhaarfrisur betrat die Bühne. Und nach wenigen Sekunden war ich erschüttert von ihrem Spiel. Normalerweise mag ich es nicht, wenn ohne Vibrato gespielt wird, umso mehr warf mich um, was ich hörte. Und sah. Ich sah den Körper der Musik. Eine heilige, ja, ich hatte in diesem Moment keinen anderen Ausdruck, eine heilige Unio einer Frau mit einer Geige.

Ich versuchte, diese Erfahrung in meine Geschichte von Anna und Georg zu übertragen.

Sie waren am Abend in einem Konzert gewesen. Eine Geigerin mit blonder Kurzhaarfrisur spielte die Solosonaten von Bach. Sie spielte ohne Vibrato und so ruhig und zugleich virtuos, als sehe sie mit Erstaunen ihrem Bogen zu. Es war etwas Keusches in diesem Spielen. Als sei sie einzig ein Medium für die Bachsche Musik. Und als müsse sie sich nur hingeben und schon entstünde unter ihrem Atmen zwischen Schulterkugeln und Handgelenken dieser Klang wie von selbst.

Sie waren, es hatte stark geregnet, mit dem Taxi nach Hause gefahren. Sie hatte noch etwas trinken wollen und in der Küche ihrem Mann vom Kühlschrank aus zugerufen, ob er auch etwas möchte. Da hatte er, er stand mittlerweile in der offenen Tür, wie in einem Rahmen, mit der sicheren Stimme des Oberstudienrats gesagt: Ich war nicht allein in Triest.

Und sofort, noch in der Hocke vor dem summenden Kühlschrank, war ihr dieser Altphilologenkongreß an Ostern eingefallen. Und sie hatte gleich gewußt, mit wem er nicht allein in Triest war.

Weißwein? Hatte sie nach drei Sekunden Ewigkeit gefragt. Er hatte nicht geantwortet. Sie hatte, immer noch in der Hocke vor dem offenen Kühlschrank, auf das angeschnittene Stück Mozzarella gesehen, das sie, in seinem Rest Plastikhaut in ein weißes Porzellanschälchen gelegt hatte, damit es nicht austrocknete. Und auf einmal hatte dieses Stück Käse sie gerührt, wie es so dalag in einer kleinen milchigen Pfütze. Und ihr ganzer Restalltag hatte sie gerührt, wie sie ihn bewahren wollten immer wieder, in all den kleinen und größeren Gefährdungen einer langen Ehe.

Da hatte er gesagt: Sie wünscht sich ein Kind von mir.

Die Passage mit der Geigerin in meinem Roman ist kurz und nicht spektakulär. Sie wird wenigen Lesern auffallen. Und sie ist eine kleine poetologische Geste. Denn natürlich reicht in der Kunst niemals die Hingabe, das wissen nicht nur Musiker. Und doch wird es ohne sie nicht gehen. Und ich bin nicht sicher, inwieweit die Erzählung der Anwältin aus der weißen Kältewelt der Gipfel meine Phantasie zu der ganz anders temperierten weißen Kühlschrankszene in der Küche geführt hat. Es ist Georg, der nach dem epiphanen Musikerlebnis nun die Wahrheit sagen will. Und es ist Anna, die sich zunächst (»nach drei Sekunden Ewigkeit«) zusammennimmt. Ein Seitensprung wird sie nicht umwerfen. Bis dann der Hinweis auf das Kind kommt. Ich hätte die Musik-Stelle verstärken können; ich wollte das nicht. Vielleicht weil ich meine Erfahrung, diesen intimen Moment, nur mit denen teilen wollte, die lesen können. Das mag sich snobistisch anhören, ist es aber nicht.

Jeder kann vor einem Bild warten, bis es ihm etwas sagt. Und sich die Lesezeit nehmen, die der Autor ihm zumutet, als ein persönliches Geschenk. Als sein zwischen Schnee und Bach immer wieder paradox erfundenes autobiographisches Geständnis.

Meine schöne Anwältin übrigens wollte und konnte ihren Mann zurückerobern. Etwas bleibt zurück, sagte sie. Aber die zwei gehen wieder zusammen ins Hochgebirge.

»Ich lasse dich nicht, du segnest mich denn«
Maturarede, Stadtkirche Aarau, 26. Juni 2015

Liebe Maturandinnen, liebe Maturanden,
liebe Lehrerinnen und Lehrer, liebe Eltern, liebe Freunde,

jeder Raum hat eine Sprache. Und wir reagieren darauf, auch wenn wir uns dessen nicht immer bewußt sind. Im gläsernen Areal eines Flughafens bewegen wir uns anders, suchender etwa, als in einer Fähre, die uns mitnimmt. Auf das Kopfsteinpflaster enger Gassen setzen wir langsamere Schritte als in der verkehrsbeschleunigten Weite eines Boulevards. Unser Körper reagiert, wie unser Denken, wie unser Empfinden, auf die Sprache eines Raums. Auch Klassenzimmer haben eine Sprache, aber davon muß ich Ihnen nichts erzählen. Und heute schon gar nicht. Gerade feiern wir in einer Kirche ein eher weltliches Fest: den Abschluß, liebe Maturandinnen, liebe Maturanden, Ihrer Schulzeit. Aber vermutlich geschieht dies nicht zufällig gerade hier. Wir nutzen die Würde eines Gotteshauses, auch wenn wir nicht als religiöse Gemeinschaft zusammengekommen sind. Bitte erlauben Sie mir also, daß ich, obwohl ich bereits vor vielen Jahren aus der katholischen Kirche ausgetreten bin, doch der Sprache dieses Raums antworten möchte, während ich versuche, etwas halbwegs Hinreichendes aus einer Maturarede zu machen, die erwartungsgemäß und auch sinnvollerweise mehr Ritual ist denn Botschaft.

Danilo Kis, der wunderbare Autor eines verschwundenen Jugoslawien, sagte einmal: Wer eine Botschaft habe, der solle ein Telegramm schreiben. Ich habe keine Botschaft, aber eine Haltung; deshalb erzähle ich. Deshalb bin ich Reporterin geworden und später Schriftstellerin. Und als Schriftstellerin bin ich Reporterin geblieben: eine erzählende Reporterin, die sich für Menschen interessiert, in ihren Räumen, in ihren Bezügen. Aber weil das Erzählen gar nicht so einfach ist, halte ich mich oft, und so jetzt auch vor Ihnen, an einer guten Geschichte fest. Die Geschichte, die ich Ihnen gleich vorlesen möchte, ist sehr viel älter als ich oder dieser Kirchenraum, ja, sie ist älter noch als die Schrift. Denn vermutlich ist sie eine Collage aus mehreren mündlich weitergegebenen Erzählungen, oder besser: ein Strang aus uralten Erzählfäden, die ein früher Schreiber mutig zusammengefaßt und damit fixiert hat. Ich lese eine Passage aus dem Alten Testament, Genesis 32, 23 – 30:

> Und Jakob stand auf in der Nacht und nahm seine beiden Frauen und die beiden Mägde und seine elf Söhne und zog an die Furt des Jabbok, nahm sie und führte sie über das Wasser, so daß hinüberkam, was er hatte, und blieb allein zurück.
> Da rang ein Mann mit ihm, bis die Morgenröte anbrach. Und als der sah, daß er ihn nicht übermochte, schlug er ihn auf das Gelenk seiner Hüfte, und das Gelenk der Hüfte Jakobs wurde über dem Ringen mit ihm verrenkt. Und der Mann sprach: Laß mich gehen, denn die Morgenröte bricht an. Aber Jakob antwortete: Ich lasse dich nicht, du segnest mich denn.
> Er sprach: Wie heißest du? Er antwortete: Jakob.
> Der Mann sprach: Du sollst nicht mehr Jakob heißen, sondern

Israel; denn du hast mit Gott und mit Menschen gekämpft und hast gewonnen. Und Jakob fragte ihn und sprach: Sage doch, wie heißest du? Er aber sprach: Warum fragst du, wie ich heiße? Und er segnete ihn daselbst.

Sie müssen zugeben, im Raum einer Schule hätten Sie so einen Text kaum abgeben dürfen! Man hätte Ihnen mangelnde Stringenz vorgeworfen, fehlende Logik, Unplausibilität. Man hätte Sie gefragt, was Sie denn eigentlich erzählen wollten. Und Sie gebeten, das doch bitte auf den Punkt zu bringen. Aber wir sind nicht in der Schule, wir sind im Sprachraum der Literatur. Und vielleicht geben Sie mir recht, wenn ich sage, daß von der Geschichte dieses Kampfes eine eigentümliche Kraft ausgeht. Der Text wirkt, gerade weil er eine komplizierte Beziehung in ihrer Widersprüchlichkeit stehen läßt und nicht ausdeutend banalisiert. Mich hat diese nächtliche Begegnung zwischen Jakob und dem Angreifer immer fasziniert. Vielleicht weil, wie ich auch über sie nachdachte, ein Rest blieb, den ich nicht verstand. Handelt diese Geschichte doch von einem Sich-messen-Müssen, und man weiß nicht worum, von einer paradoxen Abhängigkeit des Stärkeren vom Schwächeren, der letztlich doch der Stärkere zu sein scheint. In gewisser Weise zumindest.

Zur Vorgeschichte: Jakob ist auf dem Weg zu seinem Bruder Esau, von dem er weiß, daß der ihm mit 400 Mann entgegenkommt. Wird der Bruder zum feindlichen Heerführer? Grund genug hätte er, hat Jakob ihn doch für ein Linsengericht um das Erstgeburtsrecht betrogen. Die Situation ist existentiell. Um seinen Bruder milde stimmen zu können, schickt Jakob einen Knecht mit Geschenken voraus: »zweihundert Ziegen, zwanzig Böcke, zweihundert Schafe, zwanzig Widder und dreißig säugende Kamele mit ihren Füllen, vierzig Kühe und zehn junge Stiere, zwanzig Eselinnen und zehn Esel«. Wenn dies nur die Geschenke sind, können Sie erahnen, mit welchem Troß Jakob unterwegs ist!

Unsere Geschichte nun setzt also ein in der Nacht vor diesem für Jakob beängstigenden Brudertreffen. Alles was Jakob besitzt, was zu ihm gehört, hat er an der schmalen Stelle des Flusses, bei der Furt, schon ans andere Ufer gebracht. Jetzt ist er allein, ohne sein Gefolge, allein noch diesseits des Wassers. Warum aber bringt er sich in diese Situation?

Ohne irgendeine Vorankündigung setzt der Text nun gleichsam ein zweites Mal ein: »Da rang ein Mann mit ihm, bis die Morgenröte anbrach.« Dieser Mann scheint aus dem Nichts aufzutauchen. Genaugenommen erscheint er ja gar nicht, sondern er ist unmittelbar da, gleich in einer Aktion mit Jakob befangen: »Da rang ein Mann mit ihm.« Unklar bleibt, was dieser Mann will. Um einen Raubüberfall kann es sich schwerlich handeln. Jakob steht da ohne irgendeinen Besitz. Nun ringen die beiden die ganze Nacht miteinander. Und am Ende tut der Angreifer etwas, das sich nicht wirklich fair anhört: »Und als er sah, daß er ihn nicht übermochte, schlug er ihn auf das Gelenk seiner Hüfte, und das Gelenk der Hüfte Jakobs wurde über dem Ringen mit ihm verrenkt.« Der fremde Mann also greift zu einer letzten ihm möglichen Brutalität. Und immer noch kann er Jakob nicht besiegen. Er muß einlenken: »Laß mich gehen.«

Ist das nicht unerhört, schließlich war er der Angreifer!

Und nun noch die Begründung: »Denn die Morgenröte bricht an!«

Ist dieser Mann ein Vampir, der im beginnenden Tageslicht seine Kräfte verliert? Oder warum sonst ist er lichtscheu?

Oder brauchte dieser besondere Kampf den besonderen Raum der Nacht?

Jakob jedenfalls gibt eine völlig überraschende Antwort: »Ich lasse dich nicht, du segnest mich denn.«

Wer will hier was von wem? Warum erpreßt Jakob den Segen von einem Aggressor, der ihn verletzt?

Der Angreifer allerdings ist über Jakobs Wunsch keineswegs verwundert. Es scheint also doch so, daß die beiden vor ihrer unmittelbaren Begegnung in der Nacht am Fluß eine wie auch immer geartete Beziehung gehabt haben, nah und fremd zugleich. Und das Miteinander-Ringen sollte ihr Verhältnis klären. Hat Jakob den Mann gar erwartet und blieb er deshalb allein noch diesseits des Flusses? Ist der Kampf auch ein symbolisches Ritual, das nun im Sagen und Nicht-Sagen des Namens weitergeführt wird.

Jakob verrät seinen Namen sofort. Worauf ihm der Angreifer souverän, wie ein Schöpfer, einen neuen Namen gibt: Israel. Denn er, Jakob, habe mit Gott und den Menschen gekämpft. In der Volksetymologie wird denn »Israel« auch mit »Gotteskämpfer« übersetzt, was unter Theologen zumindest umstritten ist. Aber dies soll uns hier nicht kümmern.

Der Angreifer hat also eine gewisse Deutungshoheit über die Existenz Jakobs. Mit dem neuen Namen erschafft er seine neue Identität. Wenn aber Jakob mit Gott gekämpft hat, warum konnte Gott, in seiner Allmacht, den Menschen Jakob nicht besiegen? Ist der unbekannte Angreifer – und so wurde es meist verstanden – ein Engel, der Jakob auf die Probe stellen, der seine Kräfte messen sollte? Aber zu welchem Zweck?

Verständlich, daß Jakob, nachdem er seinen Namen genannt hat, nun wissen will, wer sein Angreifer ist. Er ahnt, daß es sich um ein Wesen aus einem geheimen, höheren Bezug handelt. Doch der Mann kontert nur: »Warum fragst du, wie ich heiße?« Und statt sich erkennen zu geben, gibt er Jakob den geforderten Segen.

Können Sie mit dem Begriff »Segen« etwas anfangen? Segen ist zumindest das Gegenteil von einem Fluch. Haben Sie eine Idee, warum der Kampf nur durch einen Segen beendet werden konnte? Warum die Trennung der Streitenden durch etwas gelingt, was den Raum der Entzweiung selbst radikal aufhebt: »Ich lasse dich nicht, du segnest mich denn«?

Ehrlich gesagt, ich finde das alles schwierig zu begreifen und deshalb läßt es mich nicht los.

Wäre, zum Beispiel, nach einem Ringen mit einem Text auch das Verstehen ein Segen?

Diese kurze Geschichte, Genesis 32, 23-30, ist ja frei zugänglich; vielleicht haben Sie einmal die Gelegenheit, sie für sich selbst zu lesen.

Immer wieder ist Jakobs Kampf mit dem Engel in der

Malerei aufgenommen worden. Die für mich verrückteste Darstellung ist ein Bild von Paul Gauguin.

Gauguin war eigentlich ein Banker, verheiratet mit einer dänischen Frau, Vater von fünf Kindern, ein Autodidakt, ein Hobbymaler, dem die Malerei zunehmend wichtiger wurde. In der bretonischen Künstlerkolonie Pont-Aven schuf er 1888 ein Bild »Vision nach der Predigt. Oder Jakobs Kampf mit dem Engel«, das als eine Wende in seinem Werk wie in der Kunstgeschichte gilt.

Das Gemälde zeigt bretonische Frauen in Tracht, die sich bei einem Apfelbaum und einer Kuh um einen roten Platz versammeln und dem biblischen Kampf mit eigenen Augen zusehen. Gauguin integriert also das alttestamentliche Geschehen in die bretonische Alltagswirklichkeit seiner Gegenwart. Und warum?

Für ihn muß dieses Bild mit dem Kampf auch ein Ausdruck gewesen sein für sein eigenes Ringen in Pont-Aven, den Kampf um sein Künstlertum. Er verließ seine dänische Frau, seine fünf Kinder, er gab seine ganze bürgerliche Existenz auf und zog von Paris ans Ende der Welt, also in die Südsee, um das zu tun, was er eben tun mußte, und sei es unter Verlust seines vertrauten Lebens, belastet mit Schuld. Aber damals hat er sich durchgerungen: ein Maler zu sein.

Und wenn man nun, vielleicht durch dieses unglaubliche Bild, auf die Idee gekommen ist, daß der Kampf Jakobs mit dem Aggressor auch eine Geschichte sein könnte über den Kampf, den jeder Mensch führen muß, mit seinem eigenen Engel, wenn der sich denn zeigt, dann füllen sich manche Leerstellen des alten Textes auf einmal wie von selbst. Ich kenne keine psychoanalytische Deutung dieser Bibelstelle. Glaube aber, daß sie fruchtbar wäre.

Liebe Maturandinnen, liebe Maturanden,

im Unterschied zur geläufigen Meinung halte ich die Jugend nicht für die schönste Lebenszeit. Zwar stehen Sie, jung, in der Aura einer körperlichen Anmut und Stärke. Vermutlich sind Sie so ungefähr auf dem Höhepunkt ihrer physischen Leistungsfähigkeit. Was Sie aber vielleicht nicht reflektieren, ist, daß Sie psychischen Spannungen ausgesetzt sind wie vermutlich später kaum mehr. Die erste Liebe kann lebensgefährlich sein; aber es braucht gar keine Leidenschaft, um in Gefahr zu kommen. Konkrete oder diffuse Zukunftsängste wie auch die unabweisbaren Fragen nach dem Sinn unseres seltsamen Daseins reichen aus.

In ein paar Jahren, wenn alles gut geht, wie man so sagt, werden Sie einen fordernden, gut bezahlten Beruf ausüben, vielleicht Kinder haben. Sie werden dann in relativ sichere Alltagsstrukturen eingebunden sein, die ihre Automatismen entwickeln und Sie erden. Sie werden soziale Rollen ausfüllen, das wird manches leichter machen. Vielleicht.

Wer nächtelang ein zahnendes Kind beruhigt, fragt weniger nach seiner Existenzberechtigung als nach einigen Stunden ruhigen Schlafs. Erwachsenwerden macht milder. Jedenfalls geht es den meisten von uns so. Das allerdings ist nicht nur ein gutes Zeichen. Denn Milde ist manchmal nur ein verhüllendes Wort für Abgestumpftsein, Gleichgültigkeit, Resignation.

Vielleicht finden Sie, wie ich, die Situation des einsamen Jakob diesseits des Flusses bedenkenswert.

Ich glaube, Jakob wußte, daß etwas Schweres, etwas Entscheidendes vor ihm lag, etwas, das nichts mit seinem bedrohlichen Bruder, nichts mit seinen Frauen und Kindern zu tun hatte. Sondern etwas, das er mit sich und für sich alleine ausmachen mußte.

Ein Aggressor, ein Engel, kann ja vieles sein: ein Glaube, eine Leidenschaft, eine Begabung oder nur eine Haltung. Jedenfalls eine psychische Energie, die einen nicht so schnell losläßt.

Wenn Sie also kämpfen müssen, weil etwas Sie angreift, dann könnte das auch eine Chance sein.

Möglich wäre es immerhin, daß es sich um eine Begegnung mit Ihrem Engel handelt. Der muß nicht freundlich sein. Aber insgeheim haben Sie vielleicht schon auf ihn gewartet.

Es gibt sicher auch ein Leben ohne den Kampf mit dem Engel. Vielleicht wollen, vielleicht werden Sie das ja führen.

Aber wenn es zur Begegnung kommt, ist sie nicht nur angenehm; es kann lange dauern, bis die Morgendämmerung anbricht. Nur würde ich denken, daß Sie dem Engel gegenüber, wenn er Sie denn angreift, im Vorteil sind. Denn es ist Ihr Engel! Seien Sie mutig, seien Sie ausdauernd, fordern Sie für sich den Segen, das Gelingen ein!

Denn überlegen Sie, das, was Ihnen weh tut, könnte genau der Kampf sein, der Ihnen eine freiere, eine selbstbewußtere Identität gibt.

Dem Engel tut das Segnen nicht weh. Sie aber werden einen solchen Kampf, wie Jakob, kaum unverletzt bestehen.

Der großartige amerikanische Schriftsteller, der Autor von »Unendlicher Spaß«, David Foster Wallace, hat 2005, also drei Jahre vor seinem Freitod, eine Rede vor dem Abschlußjahrgang eines College gehalten: »Das hier ist Wasser«. Es ging darin unter anderem um die Exotik des Selbstverständlichen und die wundersame Wirklichkeit religiöser Blickwinkel in ungläubigen Räumen. David Forster Wallace schloß mit den Worten: »I wish you way more than luck.«

Das möchte ich in diesem Raum des Segnens jetzt auch sagen: »Ich wünsche Ihnen weit mehr als Glück.«

Mein Böhmen lag in Afrika

Wenn Mutter und Großmutter am Karlsruher Küchentisch saßen, konnte es sein, daß das Wort »Zuhaus« fiel. Auf der geblümten Wachstuchtischdecke stand der Teller mit den frischgebackenen Mohnbuchteln, und in den dicken Tassen aus Zwittau, bedruckt mit vierblättrigem Klee, dampfte Milchkaffee. Meine Kindheit war geprägt von der Vorstellung, daß mein Vater und ich nur ganz banal irgendwo geboren worden waren. So etwas Kostbares wie ein »Zuhaus« hatten wir nicht. Uns fehlte der Goldgrund des Leids. In meiner Kindervorstellung war dieses »Zuhaus« unbetretbar und lag ferner als der dunkle Kontinent Afrika.

Erst nach dem Tod meiner Mutter (die Großmutter war schon lange tot) war es mir möglich, nach Böhmischwiesen und Mährischwiesen, zwei durch das Flüßchen Zwittawa getrennte Ortsteile von Brüsau an der Bahnstrecke Prag-Brünn-Wien, zu reisen. Ich fand das Haus, wo meine Mutter mit ihren Eltern im Ausgedinge eines reichen Bauern gewohnt hatte. Nun lebten hier Roma aus der Slowakei.

Ich fand Menschen, die sich an die kleine deutsche Familie erinnerten. An den schmalen Schuster, der Geigenunterricht gab; an seine Frau in den bunten Kittelschürzen, die in die nahe Tuchfabrik ging, wo bald auch ihr Mann arbeiten sollte. Die neuaufgekommene Schuhindustrie hatte ihn um seine

Handwerker-Existenz gebracht. (Seinen Meisterbrief aber nahm er bei der Vertreibung mit.) Und die ehemaligen Nachbarn wußten noch von dem dunkellockigen Mädchen mit dem Hausschlüssel um den Hals, das später im Hof der deutschtschechischen Schule beim Heiligen Nepomuk spielte.

Jedes Detail beglückte mich. Bekam ich durch das Erzählen der Fremden ein Stück meiner eigenen Geschichte zurück? (Mutter und Großmutter hatten nicht erzählt. Sie warfen Worte wie Münzen einer verlorenen Währung; neben »Zuhaus« gab es die Vokabel »Viehwaggon«, aber auch das tschechische Wort »kotrmelec«, Purzelbaum.)

Sprachlos haben wir uns »Zuhaus« einverleibt. Wir haben es gegessen. Österreichische Speisen banden den jungen tschechischen Staat in ein altes Habsburg zurück: Marillenknödel, Zwetschgendatschi, Paprikahenderl, ausgebackene Pilze, Kartoffelgulasch, zu Weihnachten die mit Sahne gefüllten Bärenpratzen. Auch in der katholischen Kirche vollzog sich momenthaft die Auferstehung der versunkenen Heimat; die Sudetendeutschen hatten nicht nur ihre Rosenkränze mitgebracht, sie wollten ihre Marienlieder singen: »Meerstern ich dich grüße. Oh, Maria hilf!« So wurden in Baden-Württemberg die Gesangbücher umgeschrieben.

Vermutlich war es kein Zufall, daß mein erster Freund auf einem Karlsruher Gymnasium ein Junge aus Prag gewesen ist. Seine Familie war nach der Niederwerfung des Prager Frühlings geflohen. Wir verstanden uns, unverstanden, sofort. Und meine Mutter sagte: Den Tschechen bringst du mir nicht heim! Was ich natürlich tat; und nach einem Blickwechsel servierte sie selbstgemachten Himbeersirup und Brote, bestrichen mit ihrem guten Gänseschmalz.

In meiner Kindheit hatte meine Mutter ein böhmisches Deutsch gesprochen, das sich mit den Jahren jedoch abschliff. Ich war als Reporterin wiederholt in Afrika gewesen, bevor ich es wagte – und erst nach dem Tod der Mutter – nach »Zuhaus« zu fahren. Als ich, nun 40-jährig, die Dörfer der Vertreibung besuchte, tauchte ich ein in das längst vergessene Melos meines Spracherwerbs. Ich hörte den Ur-Muttterton wieder, einen anfänglichen Symbiose-Sound, der eben nicht einfach »Deutsch« war. Es war ein akustischer Schock. Und die unerhörte Ankunft in der verlorenen Zeit.

Die Recherche zu meinem ersten Roman »Nahe Tage« hatte mich nach »Zuhaus« geführt. Das aber, was ich dort erlebte, ging ein in eine Reportage; sie gab mir die Freiheit für den fiktionalen Text. (In der tschechischen Übersetzung des Romans findet sich, sinnvollerweise, die Reportage als Anhang.)

Manches, was ich in »Nahe Tage« schrieb, habe ich nicht verstanden. (Ich schrieb als Staunende.) Nach einer Lesung fragte mich einmal eine Zuhörerin, warum ich so lange erzähle vom Unkrautzupfen der Mutter am Grab ihres Vaters, vom Stiefmütterchenpflanzen und Gießen, vom Polieren des Steins. Ich sagte, ich wisse es nicht.

Viel später hörte ich auf einem Kongreß, der sich mit der Integration der Sudetendeutschen in Baden-Württemberg befaßte, einen Vortrag von Elisabeth Fendl und erfuhr, daß Vertriebene oft fremde Gräber pflegten; erst mit ihren eigenen Toten sei ihr Heimatgefühl im neuen Land gewachsen. So erschloß sich mir mein Text.

Meine Mutter war eine Traumatisierte. Trotz hingebungsvollster Grabpflege ihres in Karlsruhe gestorbenen Vaters blieb sie eine Fremde. Ihre Heimat war ich, ihr einziges Kind, das allein ihr zuliebe groß wurde. Meine Heimat wurde die Sehnsucht von Mutter und Großmutter, bis es mir, nachdem beide gestorben waren (und mit ihnen auch ihr Schweigen gestorben war), gelang, diese afrikaferne Region zu betreten. Zunächst als Reporterin. Doch über den Weg nach »Zuhaus« bin ich dann Schriftstellerin geworden.

Die schönste Lesung

Er kam mit einem Stapel Bücher an den Signiertisch. Er wirkte etwas verlegen. Auch ich war kurz irritiert, denn er hatte meine alten Reportagenbände dabei und längst vergriffene Anthologien. Während ich die Deckel aufklappte und meinen Namen schrieb, erfuhr ich, daß er Lehrer war, Direktor einer Schule für Down-Syndrom-Kinder. Ob ich Schullesungen mache? Ob ich einmal bei ihm lesen würde? Er habe an das Spatzenbuch gedacht mit den kurzen Texten zu den Photographien; er würde die Bilder der Vögel auf eine Leinwand projizieren. Ich sagte zu.

Je näher die Lesung rückte, umso größer wurden meine Zweifel. Ich rief eine Freundin an. Das ist doch ganz egal, ob sie deine Texte verstehen, sagte sie, darum geht es nicht. Du bist die Sängerin! Du liest mit deiner Stimme. Und dann gibt es die Photos dazu. Das wird schon gut.

Er führte mich durch das Areal der Schule. Ich sah ein kleines Kind, das versuchte, aus einer Pfütze zu trinken. Vorsichtig hob er es auf. Ein Mädchen lief ihm entgegen und schmiegte sich an ihn. Er ließ es zu, bevor er vorsichtig abwehrte. Das sei eben ein Problem. Wenn sie so zärtlich seien, würden die Mädchen draußen im Leben leicht ausgenutzt. In einem Raum war ein Podium aufgestellt, daneben hing eine kleine Leinwand. Stühle wurden hereingetragen.

Ich kann mich nicht mehr gut erinnern. Ich hatte Angst. Ich sah in Gesichter, die mich anders ansahen, als ich es gewohnt war. Zutraulich, offen, staunend, fremd. Ich las. Es war sehr ruhig im Raum. Ich dachte an meine Freundin. Ich las etwa eine halbe Stunde. Sie sahen zu mir, sie sahen auf die wechselnden Bilder. Es blieb ruhig. Manchmal hörte ich ein Lachen.

Hinterher gab es Kaffee und Kuchen.

Es war ein langer Resopaltisch. Ich glaube, es waren bunte Plastikbecher. Ich kann mich an das Gebackene nicht erinnern. Sie saßen dicht an dicht. Er saß auch am Tisch und sprach mit ihnen. Ich weiß nicht mehr, was er sagte, was ich sagte. Aber ich weiß noch, daß ich zu schweigen begann. Daß die anderen sich unterhielten, und ich saß dabei und schwieg. Auf einmal war es nicht mehr schwer. Ich war nicht mehr schwer. Ich mußte nicht agieren, nicht schlau sein, schlagfertig, sprachattraktiv. Nicht kämpfen um die lausige Lizenz gerechtfertigter Anwesenheit.

Sie lachten mich an, als trauten sie mir alles Gute zu. Sie freuten sich über mich. Und ich erschrak vor Glück.

Bibliographische Angaben

Für die vorliegende Ausgabe wurden die Texte durchgesehen und überarbeitet.

I. Geschenkte Augenblicke

Der flüchtige Gast, *Schweiz am Sonntag*, 20.9.2015; Heimatkunden, *Schweiz am Sonn*tag, 18.10.2015; Nur ein Hund, *Schweiz am Sonntag*, 15.11.2015; Die Zeit des Zahns, *Schweiz am Sonntag*, 13.12.15; Das Handy auf der Fensterbank, *Kulturtipp*, 1/2017; Sein I-Phone, *FAZ*, 30.3.2016; Fremde Freunde, *FAZ*, 10.3.2016; Istanbul, 12. Januar 2016, 11.18 Uhr Ortszeit, *FAZ*, 7.2.2016; Das Ja zum Nein, *FAZ* 11.4.2017; Die ungleichen Schwestern von Istanbul, *FAZ*, 20.4.2017

II. Kleine Gemeinschaften

Bei den Derwischen in Konya, *FAZ*, 30.12.2016; Kilometer Null oder Stille Tage in Sulina, *mare,* April 2017; »A Sent be rumantsch!« – Ein Engadiner Dorf wird Klassenzimmer, *FAZ*, 17.12.2016; Eros ist ein bittersüßes unbesiegbares Kriechtier. Fragmente aus dem Altgriechischunterricht, in: Das halbe Brot der Vögel. Portraits und Passagen, Wallstein 2004, S. 110–122; das Gedicht »Krater des Duris« aus: Durs Grünbein: »Falten und Fallen«, Suhrkamp 1994, S. 124. Heilende Pfeile. Bogenschießen in der Jugendpsychiatrie, in: Das halbe Brot der Vögel, Wallstein 2004, S. 97–109

III. Gemälde sehen

Der Hirte spricht (Giotto), *Engadiner Post / Posta Ladina*, 23.12.2014; Gewalt und Gefieder (Peter Paul Rubens), in: Unter vier Augen. Sprachen der Porträts, hrsg. von der Staatlichen Kunsthalle Karlsruhe, Kerber Verlag, Bielefeld, Berlin 2013, S.74–81;

Menschenmuster im Mutterland (Edouard Vuillard), in: *Obacht Kultur*, 1/2015; Selbstbildnis (Cuno Amiet), Erstdruck

IV. Gedichte lesen

Edna St. Vincent Millay: Sie fürchtete, er stürbe in der Nacht, *FAZ*, 7.11.2015; Gedicht aus: Edna St. Vincent Millay: »Love is not all. Gedichte«, Amerikanisch und deutsch, übersetzt von Günter Plessow, Urs Engeler Editor, Basel 2008

Nazim Hikmet: Ich liebe dich wie man Brot in Salz taucht und ißt, *FAZ*, 26.8.2017; Gedicht aus: Nazim Hikmet: »Das schönste Meer ist das noch nicht befahrene / En güzel deniz henüz gidilmemis olanidir«, zweisprachige Ausgabe, übersetzt von Helga Dagyeli-Bohne und Yildirim Dagyeli, Dagyeli-Verlag, Berlin 2014. S. 195.

Christine Lavant: Wär ich einer deiner Augenäpfel, *FAZ*, 28.2.2015; Gedicht aus: Christine Lavant: »Werke in vier Bänden. Band 1: Zu Lebzeiten veröffentlichte Gedichte«, hrsg. von Doris Moser und Fabjan Hafner, Wallstein Verlag, Göttingen 2014

Wislawa Szymborska: Überraschendes Wiedersehen, *FAZ*, 27.6.2015; Gedicht aus: Wislawa Szymborska: »Hundert Freuden«, Gedichte, hrsg. und übertragen von Karl Dedecius, Suhrkamp Verlag, Frankfurt am Main 1986

Inge Müller: Wenn ich schon sterben muß, *FAZ*, 15.4.2017; Gedicht aus: Inge Müller: »Dass ich nicht ersticke am Leisesein«, Gesammelte Gedichte, hrsg. von Sonja Hilzinger, Aufbau Verlag, Berlin 2002

V. Sprachen der Reportage

Weit über die Grenzen der Fiktion hinaus. Bruce Chatwins Flirt mit der Welt, in: Das halbe Brot der Vögel, Wallstein 2004, S.7–18. Verwendete Quellen: Bruce Chatwin: »Was mache ich hier«, aus dem Englischen von Anna Kamp, München 1991; Susannah Clapp: »Mit Chatwin. Porträt eines Schriftsteller«, aus dem Englischen von Anna Kamp, Reinbek 1981; Bruce Chatwin: »In Patagonien«, aus dem Englischen von Anna Kamp, Reinbek 1981; Hans Magnus Enzensberger: »Reisender auf Traumpfaden. Rückblick auf Bruce Chatwin und sein letztes Buch, *SZ*, 23/24. März 1991; Bruce Chatwin: »Der Traum des Ruhelosen«, aus dem Englischen von Anna Kamp, Frankfurt am Main 1998; Nicolas Shakespeare: »Bruce Chatwin. Eine Biographie«, aus dem Englischen von Anita Krätzer und Bernd Rullkötter, Reinbek 2000; *literaturen* 11/2000

Das Profane ist das Heilige. Patrick Leigh Fermors Griechenland, in: Das halbe Brot der Vögel, Wallstein 2004, S. 19–30. Verwendete Quellen: Patrick Leigh Fermor: »Mani. Reise ins unentdeckte Griechenland«, aus dem Englischen von Hermann Stiehl und Richard Moissl, Salzburg 2001; Patrick Leigh Fermor: »Rumeli. Griechische Erinnerungen«, aus dem Englischen von Richard Moissl, Salzburg 1973

Emblematische Not. Die Reporterin Herta Müller, in: Das halbe Brot der Vögel, Wallstein 2004, S. 31–45. Verwendete Quellen: Herta Müller: »Die Geschichte vom Huhn«, Rede anläßlich der Verleihung des Grazer Franz-Nabl-Literaturpreises, in: *NZZ*, 21. März 1998; Herta Müller: »Hunger und Seide. Essays«, Reinbek 1995

Das halbe Brot der Vögel. Zur Sprache der Journalistin Marie-Luise Scherer, in: Das halbe Brot der Vögel, Wallstein 2004, S. 46–57. Verwendete Quellen: Marie-Luise Scherer: »Der Akkordeonspieler«, Frankfurt am Main 2004; Marie-Luise Scherer: »Ungeheurer Alltag. Geschichten und Reportagen«, Reinbek 1988

VI. Zweifel, Liebe, Hoffnung

Vom Schnee des Erfindens. Vorläufig letzte Notizen zum Autobiographischen im Text, Erstdruck; »Ich lasse dich nicht, du segnest mich denn«. Maturarede, Stadtkirche Aarau, 26. Juni 2015, Erstdruck; Mein Böhmen lag in Afrika, Erstdruck; Die schönste Lesung, Erstdruck

Inhalt

I. Geschenkte Augenblicke

II. Kleine Gemeinschaften

III. Gemälde sehen

IV. Gedichte lesen

V. Sprachen der Reportage

VI. Zweifel, Liebe, Hoffnung

FSC www.fsc.org
MIX
Papier aus verantwortungsvollen Quellen
FSC® C083411

Verlagsgruppe Random House FSC® N001967

1. Auflage

Satz: Uhl + Massopust, Aalen
Druck und Einband: CPI books GmbH, Leck
Umschlaggestaltung: buxdesign/München
Covermotive: © Andrey Oleynik; © Hein Nouwens/Shutterstock
Printed in Germany
ISBN 978-3-630-87558-3

www.luchterhand-literaturverlag.de